Sammlung Luchterhand 997

Über dieses Buch: »Die Geschichte von Bichsels literarischer Wirkung und literarischem Ruhm dürfte eine der ungewöhnlichsten in der deutschsprachigen Literatur nach 1945 sein. Nach zwei Jugendwerken gelang Bichsel mit einem 1964 erschienenen Geschichtenbändchen von fünfzig Seiten ein literarischer Durchbruch, der füglich international genannt werden darf.« (Heinz F. Schafroth) Seit dem Erscheinen der 21 Geschichten *Eigentlich möchte Frau Blum den Milchmann kennenlernen* hat die internationale Wirkung des mit vielen Preisen ausgezeichneten Autors nicht nachgelassen.

Dieser Band gibt Auskunft über Peter Bichsel, den Erzähler, den »Wenigschreiber« oder »Kurzschreiber«, wie er sich selbst einmal nannte, Peter Bichsel, den Feuilletonisten – »von Büchern allein kann man nicht leben« –, Peter Bichsel, den Leser – »Lesen ist etwas Subversives. Das Entdecken von Gegenwelten ist subversiv«. Zu den Materialien, die das Buch bereitstellt, gehören neben bio- und bibliographischen Daten und Bildern verstreut gedruckte Texte, Selbstzeugnisse sowie Aufsätze und Würdigungen zu Peter Bichsels Werk.

Über den Herausgeber: Herbert Hoven wurde 1952 geboren und lebt als freier Autor in Köln. In der Sammlung Luchterhand gab Herbert Hoven heraus: *Peter Bichsel: Auskunft für Leser*, 1984; *Literatur und Lernen. Zur berufsmäßigen Aneignung von Literatur*, 1985; *Guten Abend: Hier ist das deutsche Fernsehen. Zur Sprache der Bilder*, 1986; *Der unaufhaltsame Selbstmord des Botho Laserstein. Ein deutscher Lebenslauf*, 1990 (SL 914).

Peter Bichsel
Texte, Daten, Bilder

Herausgegeben von
Herbert Hoven

Luchterhand
Literaturverlag

Originalausgabe
Sammlung Luchterhand, September 1991
Lektorat: Christiane Gieselmann
Luchterhand Literaturverlag GmbH, Hamburg · Zürich. Copyright ©
1991 by Luchterhand Literaturverlag GmbH, Hamburg · Zürich. Alle
Rechte vorbehalten. Umschlagentwurf: Max Bartholl. Umschlagfoto:
Yvonne Böhler. Satz: Uhl + Massopust, Aalen. Druck: Wagner GmbH,
Nördlingen. Printed in Germany.
ISBN 3-630-61997-5

1   2   3   4   5   6   96   95   94   93   92   91

Inhalt

Der Feuilletonist

Vorbemerkung

Der Band *Peter Bichsel: Auskunft für Leser,* der 1984 bei Luchterhand erschienen ist, enthielt die wesentlichen Rezensionen, die bis dahin über die Bücher von Peter Bichsel vorlagen.

Dagegen unterscheidet sich der hier vorliegende Band *Texte, Daten, Bilder* erheblich. Hier findet der Leser nur noch eine Rezension – die von Heinz F. Schafroth (»Die Welt nicht abbilden, sie lieber bestehen«) über Peter Bichsels bis jetzt letzten Band mit Erzählungen *Der Busant* von 1985. Dafür sind hier Aufsätze über verschiedene Facetten des Werks von Peter Bichsel aufgenommen. Teils sind es Übernahmen aus dem ersten Band von 1984, teils sind es Beiträge, die eigens für den nun vorliegenden Band geschrieben sind.

In *Texte, Daten, Bilder* noch einmal die Rezensionen aufzugreifen, hielt ich für überflüssig. Entscheidend kam es mir darauf an, durch die übergreifenderen Aufsätze Perspektiven zum Werk von Peter Bichsel für den Leser zu erweitern. So ist es auch zu verstehen, daß in diesem Band eine Reihe von Texten Peter Bichsels abgedruckt sind, die bisher kaum zugänglich waren, weil sie noch nicht in einem Sammelband vorliegen. Das trifft vor allem für Reden und Aufsätze zu, die Peter Bichsel über einzelne Schriftsteller geschrieben hat und die Zeugnis von dem Leser Peter Bichsel abgeben.

Herbert Hoven, Juli 1991

Der Geschichtenerzähler

Peter Bichsel
Erklärung

Am Morgen lag Schnee.

Man hätte sich freuen können. Man hätte Schneehütten bauen können oder Schneemänner, man hätte sie als Wächter vor das Haus getürmt.

Der Schnee ist tröstlich, das ist alles, was er ist – und er halte warm, sagt man, wenn man sich in ihn eingrabe.

Aber er dringt in die Schuhe, blockiert die Autos, bringt Eisenbahnen zum Entgleisen und macht entlegene Dörfer einsam.   1964

Otto F. Walter
Wie ich Peter Bichsel kennenlernte

Entwurf eines Rückblicks. Sein Gegenstand: ein kleines Stück Editionsgeschichte; deren Hauptfigur: Peter Bichsel.

Reinhard Baumgart war zu einer Lesung aus seinem »Löwengarten« nach Solothurn gekommen. Mit ihm saßen wir, an die zwanzig Leute, am späten Abend noch im »Roten Turm« zusammen. Jörg Steiner, wie Baumgart damals Autor des Walter Verlags, sagte zu mir und wies auf einen jüngeren Mann der Tischrunde: Von dem dort habe er Gedichte, auch Prosa, gelesen, und: Ja, der könne schreiben, und ich solle mir den Namen merken. Der Mann heiße Bichsel.

So ungefähr. Das muß 1961 im Spätherbst gewesen sein. Im Frühsommer danach fand ich einmal, als ich morgens ins Büro kam, in der Post auf meinem Lektoratstisch im Verlag in Olten eins dieser fast täglich eintreffenden Manuskripte; unter dem Begleitbrief stand in kleiner Schrift: Mit freundlichen Grüßen von Peter Bichsel.

Ich las: »Behelfsmäßig kann man sich ein Haus vorstellen –« Abends zu Hause las ich dann das ganze Manuskript von »Eigentlich möchte Frau Blum den Milchmann kennenlernen«. Ich versuchte gleich danach, den Autor telefonisch zu erreichen in Zuchwil/Solothurn. Niemand antwortete. So schickte ich, von der Lektüre heftig bewegt, meine Zustimmung durch ein Telegramm.

Mein Chronistengedächtnis ist gewiß lückenhaft. Und wahrscheinlich stilisiert es diese Geschichte, stilisiert sie zu meinen Gunsten.

Peter Bichsel kam nach Olten in den Verlag. Ich erklärte ihm, daß ich sein Manuskript unbedingt publizieren wolle. Allerdings, so mußte ich gestehen, ich hatte Probleme. Sie schlugen sich in Fragen wie diesen nieder: Wie wäre aus diesem sehr schmalen Manuskript ein Buch zu machen, das nicht – wie es ungezählten anderen Kurzprosabänden passiert – auf dem Markt unterginge? Ließ sich vielleicht erst einmal durch möglichst zahlreiche Vorabdrucke ein Interesse, wenigstens bei den Literatur-Profis, für diesen Autor schaffen? Und, da ich große Mühe hatte mit dem vom Verlag mir eingeräumten Etat: Ließ sich da auf diesem Weg eine Art von erster kleiner Vorfinanzierung hereinholen?

Natürlich zeigte sich dann nach Erscheinen des Buches, wie kleinmütig, wie überflüssig solche Sorgen waren. Jedenfalls: Peter Bichsel sagte, er habe Zeit. Ihm war wichtig, seine Arbeit in einem literarischen Verlag veröffentlichen zu lassen, worin zum Beispiel auch Bücher von Autoren wie Helmut Heißenbüttel herauskamen.

Noch über ein Jahr dauerte es, bis wir im Verlag das herausgetüftelt hatten, was uns als nun endlich geeignete Form der Publikation für literarisch anspruchsvolle, sprachkritische Texte erschien. Das nannte sich »Walter-Drucke«: eine Edition bibliophil gestalteter Einzelbände, je in einmaliger beschränkter Auflage von 1200 Exemplaren gedruckt, herausgegeben von Helmut Heißenbüttel und mir. 1964 endlich konnten die ersten vier Bände erscheinen. Als Nummer 1 wurde von H. C. Artmann »Die Suche nach dem gestrigen Tag« vorgelegt, als zweiter Band erschienen Bichsels Milchmann-Geschichten. Um das Umfeld zu skizzieren: Es kamen außerdem heraus Texte u. a. von Ludwig Hohl, Francis Ponge, Konrad Bayer, Ernst Jandl, Henri Michaux, Klaus Stiller.

Für den Erfolg des kleinen Erstlingsbuchs von Peter Bichsel gilt das Wort »beispiellos«. Er verdankt sich der in der deutschsprachigen Literatur jener Jahre wohl einmaligen Mischung von Qualitäten dieser Prosa. Das, was man Rahmenbedingungen nennen mag, konnte da nur fördern, was ist.

Hier, eher anekdotisch, die Skizze einer Erinnerung.

Vielleicht acht Wochen vor Erscheinen von Peter Bichsels erstem Buch rief Marcel Reich-Ranicki mich an: Er verbringe ein paar Ferientage in der Schweiz. Und: Ob ich ihn nicht auf einen Nachmittag in Interlaken besuchen wolle?

In Interlaken kann man sich mit Pferdekutschen durch den

Englischen Garten fuhrwerken lassen. Nach einem angeregt verlaufenen Mittagessen beschlossen Marcel Reich-Ranicki und ich – zumal es regnete – eine Kutsche zu besteigen. Vergnügt fuhren wir unter dem schwarzlackierten Dach durch den Park, und ich erzählte dem schon damals bekannten Kritiker von Peter Bichsels Geschichten. Unbekannt, sagen Sie? Und obendrein ein Autor von Rang? Und erst noch ein Schweizer? Marcel Reich-Ranicki lachte, winkte ab: Er glaubte mir kein Wort – unmöglich! So ging das heiter hin und her, und ich versprach, die Aushängebogen gleich am Tag drauf nach Interlaken zu schicken, zusammen mit dem kleinen Nachwort, das ich verfaßt hatte.

Das Buch erschien dann, und Marcel Reich-Ranicki veröffentlichte in »Die Zeit« jene Kritik – sie war ein Jubelruf –, die dem Band und seinem Autor im deutschsprachigen Raum größte Aufmerksamkeit der literarischen Kritik sicherte. Kritiker waren damals noch Autoritäten...

Die einmalige, beschränkte Auflage war dann innerhalb von Tagen vergriffen. Wie sehr Autor und Verlag vom literarischen Erfolg überrascht waren, braucht kaum betont zu werden. Die Nachfrage nach dem schmalen, vergriffenen »Walter-Druck 2« war gewaltig. Zur editorischen List gehörte jetzt, sie zunächst – geradezu tückisch – unbefriedigt bleiben zu lassen. Erst im Frühjahr 1966 erschien die normal broschiert ausgestattete Neuausgabe, die auch heute noch, äußerlich verändert, auf dem Markt ist. Ich schätze, sie hat inzwischen die Marke von 200 000 verkauften Exemplaren deutlich überschritten.

Nein, weder den Erfolg bei der literarischen Kritik noch den Markterfolg hatte ich erwartet. Als von editorischer Erfahrung nicht mehr Unbelasteter glaubte ich zu wissen, was da zu den Faustregeln buchhändlerischer Weisheit gehört: »Kurzprosa verkauft sich nicht.« Und was den Spürsinn der literarischen Kritik für Texte anlangt, die innovatorisch und sprachkritisch bestehende literarisch-künstlerische Codes übersteigen, so machte ich mir damals wie heute wenig Illusionen. Ich war fast sicher, sie, die Tages-Kritik sei schlicht

nicht in der Lage, das Spezifische von Peter Bichsels hochbe-
wußter und artifizieller Prosa zu erkennen.

Im Frühjahr 1967 (ich war vom Walter Verlag entlassen
worden) wurde ich Verlagsleiter bei Luchterhand. Siebzehn
Autoren wechselten mit mir den Verlag, darunter Peter Bichsel.
Sein erster Roman »*Die Jahreszeiten*« erschien nun bei Luchterhand im Herbst jenes Jahres. Schon 1966 war Peter Bichsel
für eine Lesung aus dem Manuskript mit dem Preis der Gruppe
47 ausgezeichnet worden. Jetzt zeigte sich, die Tages-Kritik
war überfordert. Sie lehnte in ihrer Mehrheit das Buch ab.
Hatten Peter Bichsel, dessen Sprache und deren Gegenstand
sich verändert zum Mißlingen hin?

Nein. Dieser Autor hatte nichts weiter getan, als das ihm
eigene literarische Sprechen und dessen Methoden konsequent
weiterzuentwickeln für die längere erzählerische Distanz. Damit war er einem Großteil der Kritiker nicht mehr geheuer.
War er nicht dieser liebenswürdige Maler kleiner Porträts,
dieser Kleinmeister der einfachen Sprache, der mit wenigen
Sätzen das Milieu der »kleinen« Leute realistisch zu schildern
verstand? Dieses Bild hatten sich namhafte Rezensenten anläßlich der »*Milchmann*«-Geschichten von Peter Bichsel gemacht
– und eben diesem Bild (das nicht einfach falsch, aber weit
reduziert war) wagte der Autor dadurch zu entwachsen, daß er
sich selber treu blieb.

Das ist wohl wahr: Er hat hier viel gewagt. Er macht, offener
noch und radikaler als in seinem ersten Buch, in dieser langen
Prosaarbeit das Schreiben als Erfindung von autonomer, von
poetischer Wirklichkeit zum Thema – einer Wirklichkeit, die
allerdings verbürgt ist durch vielfältige Rückkoppelungen an
subjektive und gesellschaftliche Erfahrung. Er zeigt Erfindung
als Schreib-Prozeß vor. Er legt offen. Er demonstriert, wie sehr
Darstellen von Realität bei ihm in der Tiefe heißt: Aufbauen
von Welt und Figuren in Sprache und immer auch wieder
Durchschaubarmachen dieser Welt und dieser Figuren als Vorstellung in ihrem illusionären oder eben fiktionalen, ihrem
künstlich gebauten Wesen. Er zeigt, wie sehr Erzählen bei ihm
auch heißt: Gegenstand und Sprache in eine Einheit bringen.

Wie sehr Sprache sich auf ihre Figuren und deren Milieu – deutlicher: deren Klassenlage – einlassen kann. Wie sehr schließlich in der so entwickelten »Einfachheit« dieser Prosa Annäherung stattfindet an die dargestellten Leute: sie erweist sich als Solidarität bis in die Syntax hinein.

Alle diese Hinweise erklären nicht jenen Rest an Rätselhaftem, der für mich im Wesen von Peter Bichsels Erzählen bleibt. Wahrscheinlich wäre dem Phänomen mit Worten wie »Tonfall«, wie »Aura« noch näherzukommen; ganz aufzulösen wäre es auch damit nicht. Es äußert sich in der Tatsache, daß Bichsel gelesen und verstanden wird längst nicht allein von Liebhabern und Liebhaberinnen anspruchsvoller Literatur, daß er gelesen wird auf den verschiedensten Verständnisebenen – als Geschichtenerzähler selbst von Leuten, die nie gelernt haben, mit Büchern umzugehen. Welcher Autor sprachkritischer Gegenwartsliteratur außer ihm, Bichsel, schafft solche Lesernähe?

Soweit denn, zusammengefaßt, diese Erinnerungsfetzen an die Anfänge – ja, eines Stücks kleiner Editionsgeschichte (Rezeptionsgeschichte), und wohl einer freundschaftlichen Verbindung, die gehalten hat und durch zwanzig Jahre gewachsen ist, bis in diese dunkleren Tage.

Peter Bichsel
Die Geschichte soll auf dem Papier geschehn

In einer Wirtschaft kommt ein Betrunkener auf mich zu, nimmt mich in Beschlag und erklärt mir seinen Ärger über die Eishokkey-Nationalmannschaft. Er zählt Namen und Qualitäten auf, Namen, die mir erst unbekannt sind, die ich aber im Laufe des Gesprächs wiederholen kann, und ich wiederhole mit den Namen die Meinung meines Gesprächspartners. Nun läßt er mich erst recht nicht los, und das Gespräch beginnt mich zu langweilen.

Nach und nach mischen sich einige undeutliche persönliche Informationen in das Palaver über Eishockey. Ich kann mir aus diesem etwa folgende Geschichte zusammenstellen: Der Mann hatte vor drei Tagen Zahltag und hat nun sein ganzes Geld versoffen. Heute muß er heimkehren zu seiner Familie, er schämt sich, er ist in einem unlösbaren Dilemma. Er braucht jetzt einen Gesprächspartner, aber er kann sein Elend nicht in Worte fassen. Er will nur Laut geben, etwas nach außen bringen, sich äußern.

Inhalt (Eishockey) und Aussage (Dilemma) sind hier also mehr oder weniger zufällig zusammengekommen. Die Rede des Betrunkenen hat fast keinen Informationswert; ihr Zweck ist nicht Information, sondern Kommunikation.

Ein Hund hat weder die Möglichkeit noch die Verpflichtung, seine Äußerungen zu konkretisieren. Er braucht seinen Lauten keine Wörter zu unterlegen. Wau-wau ist der Ausdruck des Erschreckens, der Freude, des Schmerzes zugleich. Das Lautgeben bleibt eine ganz einfache Äußerung. Er entlastet sich damit, er schiebt damit etwas nach außen ab.

Der menschliche Laut braucht Wörter, die ihm unterlegt werden können. Unter Umständen handelt es sich auch hier um ein gewöhnliches Lautgeben, die Wörter bleiben dann Nebensache. Das Gespräch mit dem Nachbarn über das Wetter enthält keine Informationen, die der Nachbar nicht bereits kennt. Das Gespräch hat keinen Informationswert. Es ist reine Kommunikation.

Etwas schreiben und etwas zweites damit meinen (ich weiß nicht, warum ich dieses zweite lieber drittes nennen würde) hat etwas Literarisches.

Der Betrunkene macht damit, daß er Eishockey zur Unterlage für die Veräußerung seines Elends macht, unbewußt so etwas wie Literatur.

Das Gespräch mit ihm wird dann spannend, wenn ich entdecke, daß das Thema (Eishockey) ein Vorwand ist.

Ein sachlicher Text hingegen, in einem Fachbuch zum Beispiel, soll nichts anderes als Informationen vermitteln. Der Schreiber weiß etwas und benützt die Sprache zur Übermittlung seines Wissens. Überraschend ist aber, wie viele unnötige Adjektive gerade ein solcher Fachbuchtext aufweist, wie viele Naturschilderungen, wie viele sentimentale Einblendungen, sprachliche Schnörkel ein Fachbuch für Anstreicher enthält.

Anscheinend wird der Schreiber sogar in einem rein informativen Text zu etwas zweitem, drittem verführt. Er will z. B. »schön schreiben«. Was er mündlich nüchtern und einfach auszudrücken weiß, wird zur Pseudodichtung, wenn er schreibt. Der Text von zwei Fachmännern über denselben Vorgang wird verschieden ausfallen. Es ist nicht möglich, mit Sprache ausschließlich den gemeinen Gegenstand oder Vorgang zu übermitteln, jeder übermittelt ungewollt gleichzeitig Persönliches.

Sicher dient die Sprache dazu, Informationen zu übermitteln. Offensichtlich versucht sie aber stets, diese Leistung nicht zu erbringen. Sie versucht Persönliches und Intimes wiederzugeben, wo Sachliches von ihr gewünscht war. (Ich weiß zum Beispiel nicht, weshalb ich hier »gewünscht« schreibe, ich hätte auch schreiben können »gefordert«, »gemeint«, »angestrebt«. Die Wörter sagen nicht dasselbe, die Verschiedenartigkeit fällt mir auf. Trotzdem gelingt es mir nicht, meinen Entscheid zu motivieren.)

Obwohl unsere Gedanken schon in ihrem Ursprung Sprache sind, geschieht dann, wenn wir sie aussprechen oder aufschreiben, noch etwas weiteres. Es scheint, daß die Sprache immer mehr will als wir, daß sie zu allem, was wir wissen, noch etwas Zusätzliches weiß. Sie beugt sich nicht unserer Sturheit. Sie ist die Sprache vieler (Vergangener und Gegenwärtiger) und scheint Gedanken und Wissen dieser vielen mit einzubeziehen. Ich kann deshalb etwas schreiben, was ich vorher persönlich gar nicht wußte; etwas, das die Sprache wußte, weil sie bereits auf diesen Gedanken hin geformt war.

Die Sprache ist unter Umständen selbständig und läuft neben dem beschriebenen Gegenstand her, sie kann sogar eigenwillig auf einen andern Gegenstand zulaufen.

Menschen sind im Sprechen unkontrollierter als im Tun. Mit der Frage: Wie sagen die Leute? erfahre ich mehr über sie als mit der Frage: Was tun diese Leute?

Ich kann nicht Realität aufs Papier bringen, sondern nur, was es zur Realität zu sagen gibt, was es über die Realität zu erzählen gibt.

Mich interessiert, was auf dem Papier geschieht, wenn ich das Wort »Tisch« schreibe. Ich erwarte von diesem Wort, daß es mir weitere Wörter bringt, daß es Sätze provoziert. Es soll auf dem Papier mit andern Wörtern eine Konstellation eingehen. Der Gegenstand wird nachträglich zum Vorwand. Mir ist jeder Gegenstand recht, wenn er mich zum Schreiben bringt.

Ich wünsche nicht etwa eine Sprache, die von der Wirklichkeit losgelöst ist, aber ich möchte mit einer sprachlichen Wirklichkeit arbeiten. Ich beschreibe nicht den Tisch, sondern ich schreibe Sätze, die es über einen Tisch zu sagen gibt. »Was sagen die Leute von einem Tisch?« und nicht »Was ist ein Tisch?« Mich interessiert nicht die Wirklichkeit, sondern das Verhältnis zu ihr.

(Eben fällt mir ein, daß ich eine große Lust zum Wort »sagen« habe, ich weiß jetzt warum.)

(Ich habe einmal gesagt, ich könne kein Theaterstück schreiben, weil ich das Wort »sagen« dort zu selten gebrauchen könne. Wenn mir schon einmal ein Dialog einfällt, möchte ich auch davorsetzen können: er sagte, sie sagte. »Er sagte«, vor einem Satz in direkter Rede, hat bereits etwas Verfremdendes, stellt den Satz bereits in Frage, er wird dadurch eine Wiedergabe von mir, eine Variante. Ich kann den Satz auch zurücknehmen und schreiben: »Oder vielleicht sagte er:...« und eine weitere Variante anführen.)

(Das Theater ist mir zu aktiv. Es hat zu viel mit der Frage zu tun: Was tun die Leute? Es hat die Tendenz zum Außergewöhnlichen.)

Literatur muß lesenswert sein.

Bestimmt ist Außergewöhnliches lesenswert; ein Augenzeugenbericht braucht keine sprachlichen Finessen.

Ich bin kein Augenzeuge von Außergewöhnlichem, und die Phantasie, Außergewöhnliches zu erfinden, fehlt mir.

Ich will zwar schreiben, kann aber nichts Außergewöhnliches berichten.

Deshalb brauche ich wie der Betrunkene, der sprechen will, einen Vorwand, einen realen Hintergrund. Ich brauche eine Idee. Die Idee ist so viel wert, wie sie mich schreiben läßt.

Die Aufgabe des Stoffes ist, mich schreiben zu lassen. Der Stoff soll Sätze provozieren, die ihrerseits weitere Sätze herausfordern. Die Arbeit geschieht auf dem Papier.

Es kann genügen, wenn mir eine Idee (Geschichte) einen einzigen Satz liefert. (Außergewöhnliches liefert mir immer zu viele Sätze). Was weiter auf dem Papier geschieht, ist dann nicht mehr vor allem Sache der Idee, sondern Sache des Satzes.

(Entsprechend der Ansicht, daß das Bild eines Malers mit dem ersten Strich seine Richtung bekommt. Der erste Strich allein ist völlig frei, jeder weitere Strich ist durch die bereits gemalten in seiner Freiheit eingeschränkt.)

In ihrer Konsequenz stimmt die Theorie bestimmt nicht, weil sie das vollkommene, das reine, sterilisierte Kunstwerk meint. Der Schreiber wird also nicht nur den Möglichkeiten eines Satzes folgen, er wird auch gegen diesen Satz schreiben, er wird ihm auch auszuweichen versuchen. Aus diesem Versuch entsteht sprachliche Spannung.

Immer wieder bieten mir Leute Stoffe (wahre Begebenheiten) an, von denen sie glauben, daß sie der Beschreibung wert wären. Ich bin meistens schnell davon überzeugt, daß es die Geschichte wert wäre, aufgeschrieben zu werden; mich selbst hat noch nie eine davon gereizt. Sie waren mir alle zu fertig, sie hatten alle bereits eine Richtung.

Eine Geschichte muß mich selbst während des Schreibens überraschen können, ihre Wendungen dürfen sich nicht im Modell, im Vorbild vollziehen. Ihre Wendung muß ich herstellen dürfen.

Die Geschichte soll auf dem Papier geschehn.

Ich habe mit Papier zu tun. Ich fülle Papier mit Wörtern. Es ist nicht so, daß ich vorerst etwas zu sagen habe und nach Wörtern suche. Ich habe Wörter und suche nach Fakten, die ich ihnen unterlegen kann. Ich ringe nicht nach Wörtern, ich ringe nach Fakten. Die Fakten dienen mir dazu, die Wörter loszuwerden; nicht die Wörter dazu, die Fakten loszuwerden.

Die Fakten sollen mir helfen, Papier zu füllen.

(Ein Liebesbrief wird vor allem geschrieben, damit die Geliebte einen Brief erhält. Der Ausdruck der Liebe ist meist die einzige Information, die er enthält. Nun soll er aber nicht zu kurz ausfallen, das Ringen um Fakten beginnt, man sucht nach etwas, das ihn länger machen soll. Dazu genügt jeder erdenkliche Einfall, und der Brief meint nicht die Fakten. Er meint nur sich selbst, den Schreiber und die Empfängerin.)

Um Mißverständnissen vorzubeugen, muß ich darauf aufmerksam machen, daß ich von Wörtern und Sprache spreche, nicht von Stil, Form oder ähnlichem; daß ich vor allem den Beginn der Arbeit meine und weniger ihren weiteren Verlauf. Denn wenn auch der Stoff zu Beginn der Arbeit zufällig sein kann, beginnt er doch sehr bald zu diktieren. Er kann die Form diktieren. Je umfangreicher ein Stoff ist, desto stärker ist sein Diktat. Ein außergewöhnlicher Stoff ist in der Regel umfangreich; er braucht mehr Raum, um sich begreifbar zu machen.

Ein gewöhnlicher Stoff ist dem Leser bekannt. Sein Diktat beschränkt sich auf Formales.

Ein Mann, der durchs Gartentor geht, braucht weniger Informationssätze zu seiner Beschreibung als ein Mann, der über die Gartenmauer klettert.

Zum Schluß:

Geschriebenes ist immer für einen Leser gedacht.

Im Falle der persönlichen Notiz sind Schreiber und Leser identisch, im Falle des Briefes gibt es einen Schreiber und einen Leser. Im übrigen sind die Leser meist mehrere, der Schreiber fast ausnahmslos ein einzelner. (Wer ist im Vorteil?)

Schreiben ist in jedem Fall sich äußern, etwas nach außen bringen.

Ob es sich dabei um Information oder Kommunikation handelt, ändert daran nichts.

Geschriebenes muß zum mindesten für einen Leser lesenswert sein.

Was macht Geschriebenes lesenswert?

Warum lesen Sie?

Ludwig Harig
Was willst du in Tarragona?

I

Puigcerdá, Seo de Urgel, Oliana, Artesa de Segre, Lérida, Borjas Blancas, Montblanch, diese und noch weitere wer weiß wieviel Namen, alles spanische Namen, du mußt das R rollen und das J wie in Bauch prononcieren, du mußt deine erste cerveza trinken, deinen zweiten Film einspannen, dein drittes Kloster besichtigen, dann ist es früher Abend, vielleicht sagt man besser: später Nachmittag, oder: Dämmerung, und: (Tarragona leuchtet golden im Lichte der untergehenden Sonne.) Das ist ein Satz aus Peter Bichsels *Jahreszeiten*, in Klammern.

Es ist tatsächlich so, du bist in Tarragona, aber du fragst dich: Ist dieser Satz möglich? Er steht in Klammern, vielleicht sollte man ihn zusätzlich mit Anführungszeichen versehen. Was würde es ändern: Und was willst du in Tarragona? Die Straßen sind verstopft, du willst den Wagen wenden, da steht das Zigeunerkind, ohne Hände, mit nackten Armen, eine Pesete auf den rechten Stummel geklebt. Du weißt, was gemeint ist, und der Satz ist möglich, weil Tarragona notwendig ist, so (golden im Lichte der untergehenden Sonne) für den, der es so sucht, und für den, der in ihm gefunden wird, armlos, aber am Leben erhalten.

Goldenes Tarragona und seine Elendsviertel, nebeneinander Mandel und Müll, Gewürzwind und Rauch aus verbranntem Eselsmist, zusammen die blauen Kuppeln der Levante und die weißen Fabrikgebäude sind die Kulissen eines Stücks von Brecht. Die Postkarten zeigen die pittoresken Ausschnitte, aufgetürmte Mauern, Zypressen und Oleander, kubistische Sichten in die Kompositionsschnitte Picassos am Ebro und Kamerablicke auf die Ungegenständlichkeit Polops, aber du selbst hast auch das Schlachthaus im Auge, die Kalkmühle, das haushohe Reklameschild und die Ölsardinenfabrik.

Im vertrauten Stil würde man sagen: Wo der Blick des Touristen über altes Gemäuer schweift, sich in Olivenhainen verfängt, Kirchen mit Kakteen verbindet, ruht das Auge des Spaniers zufrieden auf seiner *fábrica*, die der Fremde nicht mag. Der Stolz Alicantes ist seine Aluminiumfabrik, *sie* ist nachts angestrahlt, *nicht* San Nicolás de Bari (»mit reich skulptierter Kuppel, schönem schmiedeeisernem Gitter am Chor, mit Altären aus geschnitztem, vergoldetem Holz, Kreuzgang mit churrigueresken Altären und Portal«).

Mas Blascos Haus in Reus liegt zwischen Palmen und Johannisbrotbäumen. Du gehst durch den Orangengarten, der Oleander duftet, aus dem Fischteich quaken die Frösche, der Gesang der Grillen hallt durch die schattige Allee, aber auf der anderen Seite der Mauer wühlt schon der Bagger unter den feudalen Fundamenten. Mas Blascos Idyll ist eine Illusion, der Bauschutt stäubt seine Apfelsinen, und die schiefen Korbstühle auf der Terrasse sind nur für einen Augenblick wie von Soutine gemalt.

Vorbei geht die Fahrt an Reklamewänden und Plastikzitronen, ein riesiger Holzadler baumt für das Bier El Aguila auf, und von Zeit zu Zeit steigt »Veterano«, der schwarze Stier von Osbornes Kognak, aus den Weingehegen. Mal sind die Ziegen links, mal rechts, und zum sechsundzwanzigsten Mal erscheint ein Hotel Miami hinter der schönsten Kurve. Du wolltest Landschaft sehen, das Hartlaub der Levante, die Felsen der Costa Blanca, das Wasser eines berühmten Meers, aber sie gibt es nicht mehr ohne die konkreten Texte der Werbung. Landschaft ist ein visuelles Arrangement aus Wörtern geworden, Seitenwege sind unbefahrbar, Bauer und Esel ziehen über den Kies und reden miteinander. In ihrer Syntax regiert noch die Grammatik.

Du probierst einen Satz und sagst: Wenn der Wind durch den Oleander streicht, bewegt er die harten Blätter, und es klingt, als ob ein Wagen langsam über den Kiesweg käme. Oder du prüfst, ob es möglich ist zu sagen: Solange der Garten im Schatten liegt, sitzt man vor den Eisengittern des Bungalowfensters, die Jalousien sind heruntergelassen, die fliegenden

Ameisen an der Häuserwand, die Schnecken auf den Bäumen, die eine einzige Zikade im Geäst sind so empfindbar wie der Duft der Opuntienblüten und der Geruch des Pinienzapfens, der neben den Korbstuhl gefallen ist. Du siehst die Schwalben auf den Telegrafendrähten, als säßen sie auf Notenlinien: Aber alle diese Sätze sind fatal und nur in Klammern möglich wie Peter Bichsels Satz über Tarragona.

Es sind Sätze, die man heute vergebens in Calpe ausprobiert. Das Dorf mit der Mudejar-Kirche liegt am Hang über dem Peñon de Ifach, einem Felsen, der die weißen Strände teilt. Du siehst die Hochhäuser zwischen dem Dorf und dem Felsen, die Bungalowsiedlungen an den sanften Hügeln, »La Cometa«, wo der Pinienzapfen neben den Klappstuhl gefallen ist, du liest das Wort urbanización, aber es ist so falsch wie der Peñon de Ifach ein falscher Felsen von Gibraltar ist.

Murcia liegt im gleißenden Sonnenlicht. Aber zur Pansstunde kannst du den Turm der Kathedrale nicht besteigen. So bleibt dir die üppige Huerta unsichtbar, vom Paseo del Melecon zeigt sich kein Licht der Stadt, kein Zigeuner spielt auf der Drehorgel, niemand flaniert über die sandige Terrasse des Paseo, und das falsche Gefühl aus Calpe macht Murcia schön, weil das, was du erwartet hast, nicht eintraf.

Baedeker versetzt dich im Palmenwald von Elche nach Afrika, das Responsorium der Priester in der Kirche La Virgen de Montserrat von Orihuela täuscht dir maurischen Singsang vor, Benidorm erscheint als Las Vegas (con orchesta – entrada 25 pesetas – snack bar – precios normal – restaurante abierto 18 bis 23 horas – comidas 110 bis 140 pesetas). Aber die Kehrseiten der Münzen sind immer die gleichen: es ist nur der Caudillo zu sehen.

Und so kommt auch nicht eines zum andern wie das gotische zum romanischen, das Renaissance- zum gotischen, das Barock- zum Renaissance-Portal der Kathedrale von Valencia (und wenn es kein Portal ist, so doch die zweistöckige Galerie an der Fassade bei der Plaza de la Seo). Der Rückblick auf die vergangenen Stile macht sie alle gleich. Der Stein ist vom Regen, das Holz vom Wurm, das Kupfer vom Grünspan benagt. Es regt sich der touristische Mut zur Antiquität. Ein Krug aus dem vorigen, ein handgeschriebenes Blatt aus dem vorvorigen, ein reliefierter Schrein aus dem vorvorvorigen Jahrhundert wechseln ihren Besitzer. Der Antiquar kauft sich am Ende der Saison eine habitacion im neuen Hochhaus à la Corbusier, du sitzt inmitten seines alten Krams, und selbst dein Lebensgefühl ist anerkannt restauriert.

Du hast dem Bettler eine Pesete gegeben, auch dem armlosen Kind in Tarragona, auch dem Irren mit dem nackten Klumpfuß in der Calle San Vincente in Altea. Du hast dein letztes Kloster besichtigt, deinen vorletzten Film eingespannt, deine vorvorletzte cerveza getrunken, du hast das R rollen und das J krächzen gelernt, wieder ist es früher Abend oder später Nachmittag, und du liest Namen: Gerona, Mediña, Figueras, La Junquera. Das armlose Kind und der Klumpfuß haben dich nicht verfolgt. Sie haben dich nicht zerrissen. Einen Augenblick hast du an William Goldings »Herr der Fliegen«, an Tennessee Williams gedacht.

»... herausgerissen oder herausgeschnittene Teile von ihm mit ihren Händen oder Messern oder vielleicht mit jenen gezackten Konservenbüchsen, mit denen sie Musik gemacht hatten, sie hatten Stückchen von ihm herausgerissen und sich in ihre schmatzenden, wilden, kleinen, leeren, schwarzen Münder gestopft...« Aber das armlose Kind ist in Tarragona, der Klumpfuß ist in Altea geblieben. Sie proben die Gastronomie.

II

Dreiundzwanzig Jahre nach einer Spanienreise erinnert mich meine Ferienbetrachtung von 1968 an Beobachtungen, Einstellungen, Urteile und die Lektüre von damals. Ich hatte Sätze über meine Wahrnehmungen ausprobiert und festgestellt, daß sie nicht alle mehr möglich waren. Es war die Zeit, als die längst abgestandenen Übereinkünfte aufgekündigt wurden; das Gesellschaftliche mit allen seinen Ansprüchen und Forderungen hatte sich ins Literarische verstrickt, die Literatur sollte nicht mehr in üppigen Bildern schwelgen dürfen – und tat es doch. Durfte eigentlich noch erzählt werden? War Erzählen noch möglich? Es stellten sich die Grundfragen des Erzählens: Was ist tatsächliche Wirklichkeit? Was ist erfundene Wirklichkeit? Welches ist das Geschehene? Welches ist das Erzählte? Wie verwandelt sich Geschehenes in Erzähltes? Ja, was ist das überhaupt, eine Geschichte?

Im Frühjahr 1968, als ich mich entschloß, nicht nur mehr reine Konstellationen, Variationen, Permutationen im Sprachspiel zu zelebrieren, sondern anfing, die vielen Geschichten und Episoden meiner *Sprechstunden für die deutsch-französische Verständigung und die Mitglieder des Gemeinsamen Marktes, ein Familienroman* in Konstellationen, Variationen, Permutationen, aber auch in Reihungen und Anakoluthen, in Zitaten und Montagen zu erzählen, las ich Peter Bichsels *Jahreszeiten*. Ich entdeckte: Seine Ansichten waren meine Ansichten, seine Zweifel meine eigenen Zweifel; und ich fragte mich: Wie funktioniert das Erzählen im Widerspiel von Erfindung und Tatsächlichkeit, von Benennen und Benanntem?

In den *Sprechstunden* heißt es: »Was ist damit getan, wenn ich sage: ich sitze auf diesem Stuhl, an diesem Tisch, vor diesem Fenster, neben diesem Schrank, tauche meinen Federhalter in die Tinte und schreibe dieses Buch. Denn ich sitze nicht auf fünf Buchstaben, auch nicht auf den fünf Buchstaben des Wortes Stuhl, das nicht dasselbe ist wie der Stuhl, auf dem ich sitze und dieses Buch schreibe. Das Wort Stuhl hat nämlich keine Beine, wie das Wort Tisch keine Schublade, das Wort Schrank keine Tür, das Wort Fenster keine Scheiben und das Wort Tinte keine schwarze Farbe hat. Ich rücke nicht diesen Stuhl auf seinen Beinen, ziehe nicht die Schublade dieses Tisches heraus, öffne nicht die Tür dieses Schranks, schaue nicht durch die Scheiben dieses Fensters und tauche meinen Federhalter nicht in die schwarze Farbe dieser Tinte. Aber ich drehe und wende die Wörter, die ich benutze.«

»Wen soll es interessieren?« fragt Peter Bichsel und beschreibt einen Schreibtisch, an dem auch jemand sitzt und schreibt, womöglich die Frage: »Wen soll es interessieren?«

Bichsel aber scheint meine Feststellung zurückzuweisen und schreibt lapidar: »Ich beschreibe nicht den Tisch, sondern ich schreibe Sätze, die es über den Tisch zu sagen gibt.« So ist es also: Das Erzählen geschieht nirgendwo anders als auf dem Papier.

Kieninger, der erfundene Held in Bichsels *Jahreszeiten,* ist als Erzählfigur in Tarragona gewesen wie ich als leibhaftiger Tourist. Auch Tarragona als spanische Stadt ist erfunden wie der Held Kieninger, der dort gewesen ist und daran dachte, nach Wien zu fahren. »Denn Tarragona gibt es nicht mehr«, schreibt Bichsel, »er war hier geblieben, um Tarragona zu retten. (Die Stadt leuchtet golden im Lichte der untergehenden Sonne.) Er war nicht gefahren, weil er wußte, daß ihm Tarragona während des Erzählens unter der Hand wegschmilzt.« Indem von ihnen erzählt wird, sind sie Wirklichkeiten geworden, unerzählt blieben Kieninger und Tarragona ein Nichts und eine Nichtigkeit, zwei Nichtse. Indem Bichsel von ihnen erzählt, nehmen sie den lebendigen Atem an, der ihnen eingeblasen worden ist.

Peter Bichsel erzählt. Er erzählt vom Erzählen, er erzählt Geschichten vom Geschichtenerzählen. »Wenn einer eine Pfeife raucht, ist das eine Geschichte«, erzählt er, »wenn sich einer einen Hund hält, ist das eine Geschichte.« Bichsel erzählt: »Balzacs Vater legte sich ohne jeden Grund ins Bett und stand erst nach zwanzig Jahren wieder auf. (Benn) Das ist eine Geschichte, dieser einzige Satz.« Beim Geschichtenerzählen beginnt er meist mit »ich erinnere mich«, und wenn dann das Erzählen aus der Erinnerung anhebt, ist nur noch das Erinnerte wahr. Das Zimmer, von dem in den *Jahreszeiten* erzählt wird, ist das einzig wirkliche Zimmer, auch wenn es sich in der Vorstellung des Erzählers um 180 Grad gedreht hat, die Wand plötzlich rechts ist, wo sie früher links war, das Fenster hinter und nicht mehr vor einem und die Türe links anstatt rechts. Wenn Peter Bichsel von einem Krug spricht, dann muß der Leser *den* Krug akzeptieren, der so aussieht, wie der Erzähler ihn beschreibt. Jede Novelle hat ihren Falken, der als Lockvogel für den Leser durch das Erzählte fliegt, in Bichsels Erzäh-

lungen wimmelt es von Falken, die sich in Krüge und Queck-
silberthermostate, in die Figur Kieningers und in die Stadt
Tarragona verwandelt haben. Was bei Magritte der Bowler,
ist bei Bichsel der Boiler.

Was ist nun mit Kieninger, von dem Bichsel erzählen will?
»Ich weiß zu wenig von Kieninger«, heißt es am Anfang der
Jahreszeiten, der Erzähler erhält ihn erst nur »mühsam am
Leben«. Er zweifelt, er klagt: »Die Geschichte gibt nichts her.
Es lohnt sich nicht, sie Kieninger anzuhängen; solange Kieninger keine Person ist, ist die Geschichte keine Geschichte,
und solange Kieninger keine Geschichte ist, ist er keine Person.« Dann aber stellt der Erzähler fest: »Kieninger ist immer
geschickter, er hat seine Tarragonageschichte; sie begründet
sein Verhalten, Geschichten begründen.« Nun ist Kieninger
überall, Kieninger ist allgegenwärtig, Kieninger ist Kilroy.
»Kieninger kann alles«, sagt Bichsel, was aber auch soviel
heißt wie: aus Kieninger kann man alles machen, wenn man
der Erzähler von Kieningers Geschichte ist und die Notwendigkeit sieht, ihn mit Attributen und Ambitionen auszustat-
ten, denn längst ist er ja *da*, ohne daß es ihn wirklich gibt.
»Ich habe keine Zeit, ihn zu suchen«, schreibt Bichsel, »es gibt
ihn nicht. Ich will ihn nicht erfinden. Es gibt ihn nicht, aber
er ist da. Er will einen Körper, eine Haarfarbe, ein Geburts-
datum...«

Was aber geschieht, wenn der Held einer Geschichte seine
Rolle gespielt hat, ein Held wie Kieninger, von dem Bichsel
sagt: »Ich gebe ihm Kulissen, er sieht Landschaften. Ich gebe
ihm Kostüme, er glaubt Kleider zu tragen. Ich gebe ihm Rollen.«? Der Erzähler kommt in Verlegenheit, er fragt sich:
Bringe ich ihn durch? Lasse ich ihn sterben? Soll er in Glanz
und Glück erstrahlen? Muß er in Sack und Asche gehn? Michael Krüger, der das Ende einer Geschichte als Problem für
den Erzähler erkannt hat, fragt: »Sollte ich ihn laufen lassen?
Sollte ich in Kauf nehmen, daß er eines Tages winselnd vor
der Tür stehen würde, als geschundener Verlierer, darum bet-
telnd, wieder an meinen Bleistift angeschlossen zu werden?«
Peter Bichsel sagt von Kieninger: »Ich erhalte ihn mühsam am

Leben«, und: »Ich päppele ihn auf«, und schließlich: »Wenn er noch hochkommt, suche ich ihm eine Stelle.«

Läßt sich der Held einer Geschichte das alles gefallen? Kann der Erzähler mit seinem Helden machen, was er will, oder ist er ihm im Laufe der Erzählung so vertraut geworden, daß er es am Ende nicht übers Herz bringt, ihn zugrunde gehen zu lassen? Und der Held der Geschichte seinerseits? Hat er nicht Argumente genug, sich wegen schlechter Behandlung zu beklagen und sich gegen den Erzähler aufzulehnen? Gegen Ende des Buches, das ja den Titel *Jahreszeiten* trägt, sagt Kieninger: »Im Grunde mag ich die Jahreszeiten nicht« – und ich frage mich sicher zu Recht: Mag er das Buch mit dem Titel *Die Jahreszeiten* nicht, oder mag er Jahreszeiten als Saisons nicht, also Frühling, Sommer, Herbst und Winter? Ich bin der festen Überzeugung, es ist das Buch, das er nicht mag, so seltsam es anmutet. Niemand sagt nämlich, er möge *die* Jahreszeiten nicht, denn irgendeine der vier Jahreszeiten wird man doch wohl mögen können! Ich kann mir sehr gut vorstellen, daß jemand einen Roman nicht mögen kann, in dem er selbst die Hauptperson ist und vom Erzähler so miserabel behandelt wird wie Kieninger von Bichsel in den *Jahreszeiten*. »Er wurde umgebracht«, schreibt Bichsel, »nicht erschossen, nicht vergiftet, erwürgt oder erschlagen. All das wäre zu umständlich. Er wurde zu Tode gequält. Dazu halte ich uns für fähig. Wir haben ihm nach und nach bewiesen, daß es ihn nicht gibt. Daß er noch lebt, hat er nur dem Umstand zu verdanken, daß ich mir vorgenommen habe, ihn innerhalb dieser Geschichte nicht sterben zu lassen.«

Und was ist nun? Lebt Kieninger oder lebt er nicht? Lebt er als erfundener Held, und wird der Erzähler ihn sterben lassen, wenn er die Zeit für gekommen hält? Es gibt ihn nicht, heißt es im Text, aber er lebt. Die Sprache des Erzählers hat ihm Leben gegeben, der Leser hat es fast nicht bemerkt. Bichsel schreibt: »Wir haben den Übergang verpaßt«, und noch einmal: »Wir haben den Übergang nicht erkannt.« Zwar ist vordergründig nur der Übergang vom Winter zum Frühling gemeint, wenn die Vorfenster ausgehängt werden, doch ich lese auch den feinen

Übergang vom Erfinden zum Erschaffen heraus, den Augenblick, in dem das Wort zum Fleisch wird. Ganz am Anfang, schon auf der dritten Seite, lesen wir: »Nach einigen Versuchen gelingt es nicht mehr, die Wirklichkeit zu verleugnen.«

(Tarragona leuchtet golden im Lichte der untergehenden Sonne.) Was willst du in Tarragona? Der Antiquitätenhändler heißt bei Bichsel Trödler, das Kubistische Picassos ist bei ihm das Kubische des beschriebenen Hauses, »das Wort ›Tarragona‹ gab nicht mehr her als seine zwei R zwischen zwei A«. Wovon soll ich erzählen, wenn ich von Tarragona erzählen will?

Oder muß ich mit dem Erzählen beginnen, ohne daß ich weiß, wovon ich erzählen soll? »Das Erzählen, nicht der Inhalt ist der eigentliche Gegenstand der Literatur«, sagt Peter Bichsel in seinen Frankfurter Poetik-Vorlesungen.

1981, als Bichsel Stadtschreiber von Berken-Enkheim war, gab er den Herausgebern der Mainzer Studentenzeitschrift »Forum« ein Interview, in dem er ausführt: »Es gibt eine literarische Tageszeitung in Deutschland, die heißt BILD-Zeitung. Sie ist nicht journalistisch, sondern literarisch, weil sie alle ihre Meldungen nicht nach dem Informationswert wählt, sondern nach ihrem ›Geschichten-Wert‹. Sie fragt nicht: Ist das eine wichtige Information?, sondern: Ergibt das eine Geschichte... Die Fragen der 68er hatten ihren falschen Ansatz darin, daß sie nach den Inhalten der Literatur fragten und nicht nach dem Erzählen als Prinzip. Ich glaube, der Sinn der Literatur liegt nicht darin, daß Inhalte vermittelt werden, sondern darin, daß das Erzählen aufrechterhalten wird. Weil die Menschen Geschichten brauchen, um überleben zu können. Sie brauchen Modelle, mit denen sie sich ihr eigenes Leben erzählen können. Nur das Leben, das man selbst erzählen kann, ist ein sinnvolles Leben. Eine friedliche Gesellschaft ist ganz sicher eine erzählende Gesellschaft und nicht eine historisierende... Ich möchte der Geschichte die Geschichten entgegensetzen.«

Der Mensch ist nicht nur ein erzählendes, sondern ein erzähltes Wesen: das Geschöpf, das erst in dem Augenblick sein wahres Menschsein erfährt, in dem von ihm gesprochen wird, es erinnert, beschrieben, erzählt wird. In Bichsels *Jahreszeiten* ist der Satz zu lesen: »Ich liebe den Geruch von Ölfarbe, mein Vater war Maler.« Was dieser Satz in mir, dem Sohn eines Malermeisters, aus den Tiefen der Erinnerung hervorruft, auch das ist eine Geschichte. Was will ich in Tarragona?

Otto F. Walter
Die Kindergeschichten und Gorkis Frage

Die Wahrheit ist, daß ich die Kindergeschichten von Peter Bichsel liebe. Und da ich ein Nachwort zu schreiben habe, habe ich auch noch Gelegenheit zu sagen, daß mir »Ein Tisch ist ein Tisch« die allerliebste der Geschichten ist, daß ich aber »Der Mann, der nichts mehr wissen wollte« ebenso gern habe und den »Erfinder« auch und die anderen vier Geschichten auch.

Indem Peter Bichsel hier Kindergeschichten erzählt, spielt er zugleich mit der Gattung. Aus Kindergeschichten macht er »Kindergeschichten«, und eben, wenn ich lesend das entdecke, macht er wieder Kindergeschichten draus, und der Großvater wurde ganz still und traurig, und ich habe allen Grund, mit ihm traurig zu sein. Erst viel später kann ich dann auch noch entdecken, daß ich Kindergeschichten und zugleich Parabeln gelesen habe, Parabeln über das Erfinden von Geschichten und Welt und über den Umgang mit Sprache und das Verhältnis meiner Sprache zur Wirklichkeit.

Grad viel Kinder allerdings kommen nicht vor, nicht als Hauptfiguren. Vielleicht der Hofnarr Colombin, als Ausnahme. Vielleicht der Enkel des Großvaters in der Jodok-Geschichte. Nein, da ist ein Mann, »der weiter nichts zu tun hatte, nicht mehr verheiratet war, keine Kinder mehr hatte und keine Arbeit mehr«. Da ist ein alter Mann, »der kein Wort mehr sagt, ein müdes Gesicht hat, zu müd zum Lächeln und zu müd, um böse zu sein. Er wohnt in einer kleinen Stadt, am Ende der Straße«; und der Erfinder wiederum wurde 1890 geboren, er lebt noch, aber »niemand kennt ihn, weil er jetzt in einer Zeit lebt, in der es keine Erfinder mehr gibt«.

Soll ich diese Hauptfiguren als Käuze bezeichnen? Als alte Querköpfe, Sonderlinge, Narren und schlitzohrige Spinner? Vorsicht. Zwar, es läßt sich nicht leugnen, große Helden sind sie nicht. Sie leben ein müde gewordenes Leben, sind ziemlich einsam, leben, vermutlich, mit ihrer kleinen Rente ihren grauen Alltag, und jetzt aber: eines Tages haben sie die Idee. Sie mag uns Vernünftigen zwar als unvernünftig erscheinen – die Idee, das Selbstverständliche (»Die Erde ist rund«) solange nicht mehr glauben zu wollen, bis es ausprobiert ist; die Idee, sich zu fragen: Warum eigentlich – warum nennt man einen Stuhl einen Stuhl, weshalb heißt das Bett nicht Bild? Die Idee, nichts mehr wissen zu wollen und später einzusehen: »Ich muß alles wissen. Dann erst kann ich sagen, daß ich das alles nicht mehr wissen will«. Es ist die Idee, die das ganze alltägliche Leben im Zimmer im obersten Stock oder im kleinen Haus am Waldrand neu und einmalig macht. Wir Vernünftigen mögen zwar lachen – und ein wenig lachen wir auch, weil wir ahnen, das kann auf Dauer gut nicht gehen –, aber jetzt endlich ist in das graue Rentner- und Erfinderleben – wie im Märchen – das Einzig- artige hereingebrochen, und störrisch wird es nun verteidigt gegen alle vernünftigen Leute und selbst gegen die eigene Er- fahrung, gegen jeden pragmatischen Realismus und dessen sich häufende Gegenargumente. »›Jetzt haben wir endlich alles‹, sagte der Mann, ›jetzt kann die Reise losgehen‹, und er freute sich... Er brauchte viel weniger Dinge: Nur eine Taschenapo- theke, einen Regenschutz, Bergschuhe, Wanderschuhe... einen Wagen, ein Schiff, einen Wagen für das Schiff und ein Schiff für die Wagen und einen Wagen für das Schiff mit dem Wagen.« Immer wieder steht das Wort »nur« da: »Jetzt brauchte er nur noch einen Kran, mit dem er den Kran über die Häuser ziehen konnte.« Noch immer sagt der Mann, schreibt Peter Bichsel, »nur«; ich vermute, er sagt es immer ein wenig trauriger. Noch bleibt er dabei, noch ist der Glanz der Einzig- artigkeit da, wird schwächer, glänzt, wird schwächer – ja, und bleibt dann, ganz am Schluß. Aus dem Glanz ist ein Schimmer geworden, aber wir Leser, besser noch: Zuhörer wissen jetzt, ganz wird das alte Einerlei diese Existenz des unvernünftigen alten Mannes nicht zurückholen können.

Eine winzige Veränderung, diese Entwicklung zur Hoffnung hin, belegen auch die – nein, einige Schlußsätze: »Er schaute nicht einmal mehr zurück, als er über den Giebel des Daches stieg und verschwand... Aber hier und da gehe ich vor das Haus und schaue nach Westen, und ich würde mich doch freuen, wenn er eines Tages aus dem Wald träte, müde und langsam, aber lächelnd.«

Oder: »Und er führte sein Leben weiter wie vorher. Nur, daß er jetzt noch Chinesisch konnte.«

Oder: »Als er aber die Zahl der Treppenstufen in der ganzen Stadt kannte, kam er auf den Bahnhof..., stieg zum ersten Mal in seinem Leben in einen Zug..., um dann weiter zu fahren, um die Treppenstufen in der ganzen Welt zu zählen, um etwas zu wissen, was niemand weiß und was kein Beamter in Büchern nachlesen kann.«

Oder: »Doch er blieb sein Leben lang ein richtiger Erfinder, denn auch Sachen, die es gibt, zu erfinden, ist schwer, und nur Erfinder können es.«

Nein, Helden sind Peter Bichsels Helden nicht. Sie sind alte eigensinnige Männer, und am Schluß haben sie wenig gewonnen. Zwar, sie haben immerhin die vorhersehbare Katastrophe vermieden und sind müde jetzt, havariert und vielleicht angeschlagen. Aber sie sind unbesiegt – wenigstens auf die kurze Zeit, die ihnen, den Altgewordenen, vor dem Tod noch bleibt.

Nur: So einfach ist es nicht. So schnell lassen die Geschichten von Peter Bichsel und deren Subjekte sich nicht auf *ein* Muster bringen. Was ist zum Beispiel mit dem Schluß der Jodok-Geschichte? Erstens ist sie leider nicht wahr, und zweitens ist ihr Held, der Großvater, schon längst gestorben. Oder wie geht die Geschichte mit Colombin aus? Lesend wissen wir am Schluß noch immer nicht, ob es Amerika gibt, denn die Leute, die nach Amerika wollten, erzählen alle nachher Dinge, die sie vor der Reise schon wußten, »und das ist doch sehr verdächtig«.

Wie schließlich endet die Geschichte vom Tisch, der jetzt Teppich heißt? Nein, eine lustige Geschichte, schreibt Peter Bichsel, ist das nicht. »Der alte Mann im grauen Mantel konnte die Leute nicht mehr verstehen, das war nicht so schlimm. Viel schlimmer war, sie konnten ihn nicht mehr verstehen. Und deshalb sagte er nichts mehr. Er schwieg und sprach nur noch mit sich selbst, grüßte nicht einmal mehr.« Wenn ich es recht bedenke, ist diese Geschichte von der Neuerschaffung der Welt durch Worte vollkommen hoffnungslos. Das ist, und vielleicht ist sie mir deshalb die liebste von allen, die allertraurigste Geschichte, die ich je gehört habe.

Oder doch nicht? Kommt sie mir so traurig nur deshalb vor, weil ich diese Geschichte von ihren Schlußsätzen her verstehe? Verstehe ich sie so nicht doch zu rasch? Ist nicht alles, was vorher kommt, die Geschichte einer wundersamen Revolution? Revolution der Welt des alten Mannes durch dessen Erfindung der neuen Sprache? »Der Mann fand das lustig, und er übte den ganzen Tag und prägte sich die neuen Wörter ein. Jetzt wurde alles umbenannt.« Für ein paar Tage und Wochen, und für die Zeit, die wir brauchen, um vier fünf groß gedruckte Seiten zu lesen – für die Dauer dieser beiden Zeiten ändert alles sich im Leben des Mannes, alles erglänzt neu, die Dinge und der Mann selbst werden erfaßt vom schöpferischen Spiel, die Welt neu zu machen durch Sprache. Ist das nur traurig?

Hinter der Frage steht eine neue, noch eine: Kann eine Geschichte, die einen so hohen Grad an Übereinstimmung von Erzählstoff, Intention und Erzählkunst und poetischer Verwandlung ihrer selbst erreicht, kann eine solche, noch so traurig endende Geschichte wirklich nur traurig sein? Ich will die Behauptung, sie sei die Allertraurigste, stehenlassen, gewiß; aber ich sehe, ich muß ergänzen: sie ist gleichzeitig eine Geschichte, von deren Vollendung Glück ausgeht.

Offenkundig: nicht Kinder als Hauptfiguren machen diese Texte zu Kindergeschichten. Die Gattung und deren Muster werden erfüllt einmal durch den Ton, den – scheinbar – einfachen Erzählton: »Ich habe die Geschichte von einem Mann, der Geschichten erzählt«. Sie werden gleichzeitig abgelöst durch die vorgeführten Figuren, genauer: durch deren Reduktion auf ganz wenige Haltungen, etwa darin sichtbar, daß diese Figuren über alle von Erfahrung und alltäglichem Menschenverstand erwarteten Bedenken hinweg ihre eine Idee verwirklichen, eigensinnig dafür kämpfen, gegen die Verständnislosigkeit vernünftiger Anpassung. Sie tun es naiv, listig, und sie sind überzeugt, daß sie ihrem Schicksal, das sie nicht ernst genug nimmt, mehr als nur ein Schnippchen schlagen – eben darin kinderähnlich oder gar kindlich (geworden) in der feindseligen Erwachsenenwelt, in der sie (noch immer) dasein müssen.

Und da taucht nochmal eine Bichselsche Drehung auf, auch wenn ich sie durch Zitate nicht belegen kann. Das Kindliche im Wesen der Figuren: auch das ist Zitat. Es wird herbeizitiert, allein schon durch den Erzählton, in jener Verkleidung, in der alte Kinderfibeln Kindlichkeit dargestellt, stilisiert und verhüllt haben.

»Mit wem seid ihr, Meister der Kultur?« Die alte Frage, von Maxim Gorki zu Anfang der dreißiger Jahre gestellt, tönt durch das Jahrhundert. Mit wem seid ihr?

Es gibt aktuelle Anlässe genug in diesen Jahren der Restauration, erst einmal die Vorfrage zu bedenken: Inwieweit können der literarische Prozeß und dessen Produkt sich überhaupt abkoppeln vom historischen, gesellschaftlichen, vom politischen Zustand? Wieder – nochmal? nochmal! – artikuliert sich gegenwärtig, so scheint mir, unter einigen Autorinnen und Autoren, vor allem aber in bürgerlichen Feuilletons aller Medien, jenes Rühmen der endlich wieder gereinigten Literatur, die Zeugnis sei für Privatheit, Innenschau, Innerlichkeit, Subjektivität und also wahres Dichtertum. Ihr gegenüber habe eine Literatur zurückzutreten, die sich auf unsere Konditionierung durch die gesellschaftlichen Kämpfe der Epoche einläßt.

Dieses ahnungslose Rühmen – auch es ist ein politisch bedeutsamer Akt mit kulturpolitischen Folgen – beschädigt selbst jene Werke von künstlerischem Rang, die zu zelebrieren es unternimmt: das – scheinbar – private Gedicht; den – scheinbar – allein dem Subjekt geltenden Blick des »journal intime«, den sprachkritischen Entwurf poetischer Gegenwelt.

Das Unglück mit der Privatheit indessen: beginnt es nicht schon mit der *Sprache*? Gewiß, die vielfältige Mischung von Faktoren, die das literarische Werk ausmachen, ist in jedem Einzelfall singulär. Die Sprache jedoch, in und mit der Autorinnen/Autoren arbeiten, ist Ergebnis gesellschaftlicher Entwicklung, Übereinkunft und Entfremdung. Schon indem ich Sprache lerne, erlerne ich vorgeprägte Haltungen meiner Sippe, meiner Sozietät mitsamt deren Wertsystemen. Im Prozeß des literarischen Schreibens findet kritische Auseinandersetzung mit dieser Vorgabe laufend statt, findet Widerspruch statt oder Annahme. Abkoppelung von der Gesellschaft? Privatheit der Literatur? Weder für Stéphane Mallarmé noch für Helmut Heißenbüttel noch für Friederike Mayröcker ist sprachkritische Arbeit ablösbar von Gesellschaftskritik. Zu den Merkmalen literarisch-künstlerischer Qualität einer Schreibe heute gehört unabtrennbar das Oppositionelle den herrschenden Codes und also gesellschaftlichem Druck gegenüber.

Aber unsere privaten Erfahrungen, Träume, Obsessionen, Mythen, Symbole: das Inhaltliche, das *Material*, von dem die literarische Sprache erzählt? Nehmen wir als Beispiel die Erzählung eines mitteleuropäischen Autors und stellen wir sie der Erzählung einer indianischen, koreanischen oder schwarzafrikanischen Autorin gegenüber – der Vergleich dürfte bereits deutlich genug machen, daß auch das Material jeglicher Literatur rigoros definiert wird von der Kultur, der es angehört.

Was nun bedeutet das für unseren – nicht allein literarischen – *Subjektbegriff*? Wenn schon Sprache gesellschaftsgebunden und wenn auch das Material immer schon aufgeladen ist mit der überindividuellen Spannung gesellschaftlich bestimmter Substanz, wird der Spielraum für die Gläubigkeit an das autonome Ich auf bestürzende Weise klein. Das pfeifen doch viele Spatzen von den Dächern, und sie bestätigen die Erfahrung, die in diesem Jahrhundert immer billiger zu haben ist: im Ich ist das Wir längst schon enthalten. Gewiß, das 19. Jahrhundert wollte das Menschenwesen – jedenfalls das des weißen, des besitzenden und gebildeten Mannes – romantisch sehen als autonomes Subjekt in Souveränität, das seine Welt aus gewissermaßen gesellschaftsfreier Kraft heraus gestaltet. Marx, Freud; zwei Weltkriege; die jeweils neuesten Raketensysteme, deren Ursachen und Folgen, haben das schöne Bild bis auf den Sockel demontiert.

Wo Sprache, Material und nun selbst das Ich-sagende Subjekt sich als durchlöchert, durchsäuert, verwüstet und konditioniert erweisen durch gesellschaftlichen Druck; wo jede Innenschau auf seelische Landschaften stößt, die angefüllt sind vom Zitat, vom Widerhall, vom Geröll unserer Existenz als politische Wesen, ist Neue Subjektivität als Literatur eine neuromantische Rekontruktion durch idealfrohe Akademiker; sie selbst ist Ausdruck der restaurationssüchtigen Epoche. Auch diese Literatur, die angeblich nur sich selbst meint, *ist* politisch. Und mehr noch: auch sie *ist* Parteinahme. Kein Entrinnen.

So kann die Frage nicht sein, ob Literatur heute gesellschaftsgebunden, ob sie politisch sei, ob sie es sein soll oder nicht. Das ist entschieden. Die Frage ist, wie sie auf diese Kondition – bewußt oder unbewußt – reagiert in ihrem Formen-Code, in ihren inhaltlichen Dimensionen, in ihren Strukturen und in ihrem Geist. Ihre Zeitgenossenschaft ist gegeben. Jetzt ist Zeit für Gorkis Frage.

So läßt sich behaupten: Literatur ist immer *auch* Meldung aus gesellschaftlichen Verhältnissen, selbst wo sie allein von tiefster Vereinsamung sprechen will. Der höhere Witz der Einsamkeit Robinsons verdankt sich inhaltlich der Gesellschaft (der vermißten). Diese Verhältnisse aber – bekanntlich Machtverhältnisse – haben an sich, daß sie uns – zu vermuten: längst uns alle – zu Erniedrigten, Beleidigten machen in der nun bis auf den Tod hin ausgebeuteten Lebenswelt. Da ist verständlich, daß Linke nach dem Beistand durch Literatur rufen im Kampf zwischen oben und unten. Die Frage: Mit wem seid ihr? wird an die Schreibenden gestellt, zu Recht, nur: Sie wird immer noch vorgetragen von einem Literaturverständnis, das Literatur auf die *inhaltliche* Dimension reduziert. So schnell und nur seinem Material nach kann Literarisches nicht verstanden, kann es weder vereinnahmt noch abgelehnt werden. Gerade wenn, wie eben wieder dargelegt, wesentliche Elemente, aus denen das Werk besteht, durch Geschichte und Gesellschaft geprägt sind, kann erst der verständnisvolle Umgang mit allen Elementen zeigen, mit wem die Meister der Kultur sind.

Parteinahme ablesen, an der inhaltlichen Dimension – gewiß. Allerdings im klaren Bewußtsein, daß Literatur eine Kunst des Indirekten ist; die Kunst ist, Signale zu geben, nicht Parolen. Ein Text erzählt immer aus der gebrochenen Perspektive des Singulären, des Einzelnen von dessen Erfahrung. Je mehr diese Erfahrung, diese Perspektive die geschichtlichen Kräfte, die uns bestimmen, mit hereinholen kann in die Verwandlung des künstlerischen Gelingens, um so reicher, polyphoner, welthaltiger wird der Text am Ende sein. Um so vollständiger können wir als je einzelne und gemeinsam uns darin erkennen. Mir wäre aber Engagement genug, wenn in allen Elementen des literarischen Ausdrucks eine Ahnung, ja: ein Hauch spürbar wäre von der historischen Bedingtheit unseres Bewußtseins durch unser gesellschaftliches Sein. Engagement genug, Signal genug, ganz unabhängig von der Frage, ob der Text nun Innenschau des/der einzelnen sein will oder mehr.

Eine alte Einsicht: auch mit guten, ja, solidarischen Gefühlen kann Kitsch geschrieben werden. Und inhaltliche Parteinahme, in der abgeleierten Sprache des längst zum Klischee gewordenen, angeblich realistischen Erzählens, hilft nur der Verfestigung bestehender Fühl- und Denkmuster, nicht dem Prozeß der Befreiung. Wie weit Literatur mit denen ist, die Befreiung wollen, oder auf der Seite der Verkrustung, muß gleichzeitig abgelesen werden an ihrer Sprache, ihrer Form, ihrem Material und ihrem Umgang mit dem Subjekt.

Peter Bichsels Kindergeschichten sind in den Jahren 1967-1969 entstanden. Beim Wiederlesen heute, in so sehr anderer historischer Lage, fällt mir auf, wie unbeschädigt durch den Gang der Geschichte, wie neu sie sind.

Mit wem also sind sie? Inhaltlich gesehen, ist Gorkis Frage bald beantwortet: mit den alten Männern, diesen von der Macht Erniedrigten, Betrogenen, mit denen »da unten«, diesen listig törichten Weisen und weisen Narren gegen jegliche Vernunft üblicher Macherschaft. Aber mit dieser inhaltlichen Benennung allein ist die stille Parteinahme der Texte längst nicht erklärt. Erst das Wie – wie hier erzählt wird – macht sie glaubwürdig und weist diese Geschichten als Literatur aus in Zeitgenossenschaft mit den Opfern *dieser* Zeit.

Karg sind die Hauptfiguren skizziert: »Der alte Mann«. »Der Mann, der nichts mehr wissen wollte«. »Ein Mann, der nicht mehr verheiratet war, keine Kinder mehr hatte und keine Arbeit mehr.« Ganz im Stil der Gattung sind sie stilisiert. Sie sind reduziert auf den Großvater, den wir kennen, auf den Mann, den jede und jeder sich vorstellen kann, der braucht lange nicht beschrieben zu werden. Typisierung, wie in der Kindergeschichte, wie im Märchen. Einmaliges, autonomes Subjekt? Seine große, einmalige Idee auf kurze Zeit ist der Traum von Geschlagenen.

Das Wie außerdem in der Sprache selbst: sie bleibt, Wort für Wort, im Umkreis dessen und derer, wovon sie erzählt. Darin zeigt sich, notabene, auch die Grenze der Gattung, die Bichsel hier paraphrasiert. Sie erzählt in diesem – scheinbar – alten Erzählton alter Geschiichtenerzähler. Ihn lesend, hörend, spüren wir: da ist das Augenzwinkern des Erzählers mitzudenken, dem es nicht auf die Behauptung realistischer Wahrheit ankommt, eines Erzählers, der sich die Freiheit nimmt, das Erzählen gleichzeitig als Vermutung und als Lügenhandwerk zu betreiben. Erzählen wird als Erzählung, als Erfindung in ihrem listigen Kunstcharakter vorgeführt.

Meine Vermutung ist, daß Peter Bichsel hier auf ein Urmuster des Erzählens zurückging – wie bewußt, ist unerheblich. Kindergeschichten sind, im Bereich deutscher Sprache, eine Untergattung der frühesten Prosageschichten deutschsprachiger Kulturen, der Deutschen Volksbücher. Die auf einen einzelnen Autor rückführbare Urheberschaft ist ihnen – dem »Narrenschiff«, dem »Doktor Faust«, dem »Till Eulenspiegel« – vergleichsweise egal. Sie sind Sammlungen der kollektiven Phantasie des Volkes, entstanden in Zeiten, zu denen die Leute, die Geschichten erzählten, sehr genau wußten, gegen wen und mit wem sie waren.

Etwas vom Deutschen Volksbuch ist im Wesen der Kindergeschichten wiedergefunden. Selbst der Autor nimmt sein Urheberrecht so wahr wie ein Vagabund, der Geschichten von Stadt zu Stadt kolportiert – gehörte? gelesene? erfundene? – Was soll's? Natürlich, Peter Bichsel ist der Autor der »Kindergeschichten«. Aber er ist ein Autor, der auf die Bedingtheit des Autors und auf Zeitgenossenschaft heute so reagiert, daß er »die Geschichte von einem Mann hat, der Geschichten erzählt«; daß er uns spüren läßt, er weiß: Wo wir nicht Subjekte sind, wird auch das große Wort vom souveränen »Autor« auch nur wieder zur Legende wie für die Geschichtenerzähler der Volksbücher.

Seine Kindergeschichten werden, Auflage für Auflage und Jahr um Jahr, von Sechs- wie von Siebzigjährigen gelesen, verstanden auf je den verschiedensten Stufen des Verstehens, und sie werden weitererzählt. Sie sind, bei aller subtilen Gebrochenheit, bei all ihrem hochartifiziellen Charakter, ein Volksbuch (neuen Typs). In ihrem zitierenden Erzählton schwingt eine Weisheit über uns mit aus Erfahrung und Zeitgenossenschaft, die sich auch formal verbürgt: daß selbst der Autor als Subjekt und daß selbst das Subjekt des Satzbaus dieser Geschichten nur so weit Subjekte sein können, als wir Subjekte unserer Geschichte wären.

Heinz F. Schafroth
Die Welt nicht abbilden, sie lieber bestehen

> Daß sich niemand täusche: Die Einfachheit
> gelingt mir nur mit großer Mühe.
> Clarice Lispector

Die Einfachheit von Bichsels Erfolgsgeschichten, *Eigentlich möchte Frau Blum den Milchmann kennenlernen* (1964) und *Kindergeschichten* (1969), wurde und wird gepriesen als schriftstellerische Natur. Dabei ist sie hergestellt, nach allen Regeln der (Reduktions-) Kunst und von Bichsels Kunstverstand. Der Satz der brasilianischen Dichterin Clarice Lispector könnte sehr wohl von ihm gesagt sein. Bichsel war nie ein naiver, nie der geborene oder sonstwie begnadete Erzähler, sondern einer, der – man mußte bloß sehr genau hin(daraufhin-)lesen, um es zu merken – die Widerstände, die es ihm bot, ins Erzählen einbrachte und in Erzählformen umsetzte.

Nicht umsonst ist sein in zwanzig Jahren entstandenes literarisches Werk fast ungehörig schmal, liegen die *Kindergeschichten* sechzehn Jahre zurück. Vielleicht, daß in den seither publizierten Sammlungen, *Geschichten zur falschen Zeit* und *Schulmeistereien*, das heißt in den journalistischen Arbeiten (Kolumnen), den Aufsätzen, Vorträgen, die Widerstände leichter zu überwinden waren und hier auch raschere Zugänglichkeit und Nachvollziehbarkeit anvisiert sind. Das im engeren Sinn literarische Werk Bichsels weiß davon nichts, es ist von allem Anfang an radikal, verwegen und mitunter auf eine unvergleichliche Art unwirsch, abweisend. Am stärksten im Textkomplex *Die Jahreszeiten* (1969 erschienen, das einzige Werk Bichsels, das nicht zu Best- und Longsellerehren gelangte), und wer sich dort nicht darauf einlassen wollte, könnte es angesichts des neuen Buches, *Der Busant*, versuchen.

Die schönste Leseanleitung, die sich denken läßt, ist zu entdecken in Bichsels glanzvollen Poetik-Vorlesungen (*Der Leser.
Das Erzählen*). Mit Sicherheit ist vom Frankfurter Poeten-
Lehrstuhl höchstens einmal (von Ernst Jandl) ebenso einfach,
ebenso ab ovo gesprochen worden wie von Bichsel. Erzählen
ist in Bichsels bestechender Argumentation nicht ausschließlich (nicht einmal primär) Sache der Schriftsteller, sondern
eines jeden: »weil wir unser Leben *nur* erzählend bestehen
können«, und es daher dringlich ist, »das erzählerische Bewußtsein« auszubilden und an die Stelle des bloß »historischen« treten zu lassen. Und dieser Appell, Realitäten und
Realität »in eine humane Tradition, in die Tradition des Erzählens einzubringen«, richtet sich gerade nicht an die terribles
simplificateurs, die ihr (und am liebsten auch gleich unser aller)
Leben mit Hilfe von Sprechblasen zu bestehen meinen. Denn in
ihrem Sinn einfach ist ein so verstandenes Erzählen bestimmt
nicht.

Was er unter Erzählen versteht, welcher Anspruch damit
verbunden ist und in welchem Maß, wer sich darauf einläßt,
eine Anstrengung auf sich nimmt (vermutlich nicht einmal das,
was Kleist »schöne Anstrengung« nennt), das hat Bichsel in
den Frankfurter Poetik-Vorlesungen theoretisch erarbeitet;
und jetzt demonstriert er es, souverän, all seiner Möglichkeiten
sicher, in der Praxis seiner neuen Erzählungen, die alle auf eine
ungewohnte Weise reich instrumentiert, voller Widerhaken
und Überraschungen sind. Und jede von ihnen ist ein leiden-
schaftliches Spiel mit Zeit- und Handlungsebenen, mit Perso-
nenidentitäten und Erzählpositionen, und zusammen ergeben
sie nichts Geringeres als die lange, genaue Erzählung vom
Erzählen, von Brüchen und Brechungen darin, von Versagen
und Scheitern daran. Erzählt wird, in acht Variationen, die
Liebes- und Leidensgeschichte des Erzählens: welche Kraft ihm
innewohnt, an welche Grenzen es stößt, wie es alles dem Leben
entzieht, indem es alles festlegt, und zugleich erst dem Untergang abtrotzt, indem es an alles erinnert. »So steht er denn«,
heißt es vom Lehrling von Prey, »hier (. . .), auf dem Papier,
und verändert sich nicht mehr. (. . .) Nur die Zeit scheint jetzt

(ohne ihn) eine andere Zeit geworden zu sein. Sie ist eine Zeit des *Weißt-du-noch* geworden.« Derjenige aber, der über ihn schreibt, beansprucht, daß sein »Versuch (...), den Lehrling zu lieben, (...) ernst genommen« werde.

Der Lehrling von Prey ist derjenige des Professors Habertruber, der alles, was er wußte, und er wußte alles halb, und alles war halb wahr, ununterbrochen mitteilen und erzählen wollte. »Nur seine Schmerzen (...) standen außerhalb seiner Halbwahrheiten, und nur sie lassen ahnen, daß es hinter den Erzählungen von Halbwahrheiten noch ein Leben Habertrubers gab.« Ihm kommt der Erzähler nicht bei. Aber er weiß: »Hätte ich über ihn nicht geschrieben, er wäre ein Name geblieben (...).«»Eine Erklärung an den Lehrling von Prey«, die letzte der Erzählungen, ist die Geschichte einer Liebe zu dritt, eines ménage à trois auch (beides nicht wörtlich, aber doch beim Wort zu nehmen). Habertruber und seinem Lehrling, der ein Leben lang schweigend zuhörte und auch nach dem Tode des Meisters sein Schweigen nicht brach, gesellt Bichsel ein Erzähler-/Schriftsteller-Ich bei, das mit derselben zärtlichen Zuneigung Habertrubers Halbwissen und Halbwahrheiten und des Lehrlings Schweigen begleitet, jene gegenüber dem weitverbreiteten Besserwissen und Hang zu *der* Wahrheit in Schutz nimmt und dieses bewundert, auch wenn er, der Erzähler, durch seinen Part bestimmt, es durchbrechen muß.

Vollends unverhüllt als er selber, mit einem Stück Biographie versehen, tritt Bichsel am Schluß der Erzählung *Warten in Baden-Baden* in die Geschichte: diejenige zwischen einem Kellner und einem Gast, beide Schweizer, in einem Hotel in Bergen-Enkheim. Der Kellner hat sie aufgeschrieben (als Geschichte einer tiefen Abneigung und zwanghaften Identifikation), der Gast das Manuskript dem Autor zugestellt, weil der einmal Stadtschreiber in Bergen gewesen sei. Für diesen aber heißt in die Geschichte getreten sein auch: in sie *geraten* sein, teilhaben an den geheimnisvollen Überlagerungen der Identitäten und den Gefährdungen einer jeden durch die anderen.

Daß er sich selber so vielfach ins Spiel bringt, bedeutet mehr, als daß – wie ein Fernsehmensch tadelte – der Autor »ständig sich selber über die Schulter blicke«. Es geht tiefer, es schneidet tief: Bichsel seziert sein erzählerisches Bewußtsein, zeigt, wie problematisch das Erzählen ist. Nicht erst (wie noch in den *Jahreszeiten*) in seinem Verhältnis zur Wirklichkeit, sondern von Anfang an im Verhältnis zu sich selber und seinem Anspruch. Es ist nicht mehr eine Möglichkeit, Welt *abzubilden*, sondern sie zu *bestehen*. Von da aus ist sein Gelingen und Mißlingen zu beurteilen, von diesem Anspruch her muß es jedesmal neu erfunden werden, sich legitimieren, rehabilitieren.

»Diese Geschichten, diese immer selben Geschichten«, heißt es in *Warten in Baden-Baden*, und allen voran gehören zu »diesen immer selben Geschichten« diejenigen des Landstreichers Ueli und der schönen Magelone, des Generals Korsciusko, des Bürgermeisters Wengi, der sich im Krieg vor die Kanonen stellt, und die von Herrn Busant, einem reichen Heimwehsolothurner, mit dessen Geld die Solothurner Altstadt »schön gemacht« worden ist. Sie alle sind längst und vielfach erzählt. Bichsel erzählt sie nicht nach und nicht noch einmal. Doch er erinnert an sie und daran, daß sie alle »diese immer selben Geschichten« sind – solche, aus denen, wie Robert Walser sagen würde, »absolut nichts gelernt werden kann«. Außer (im Falle der Titelgeschichte) dies: daß der Landstreicher Ueli, der nachts von zwei Polizisten schlafend in der Bahnhofsunterführung gefunden wird, auch der Stallbursche des Generals Kosciuzko ist (um 1810), und ein provenzalischer Adliger oder ein Kohlengrubenarbeiter aus Belgien, oder auch der Laufbursche eines Solothurner Wirts von heute oder um die Jahrhundertwende; und daß er einmal die versammelten Ambassadoren und Honoratioren dem Hohn preisgegeben hat; daß Magelone sich dabei mit ihm solidarisiert hat und im übrigen nicht nur eine Königstochter aus dem mittelalterlichen Neapel ist, sondern auch eine Sekretärin, eine betrunkene Serviertochter; wenn sie kotzt, wischt Ueli auf. Busant aber, das ist auch zu lernen, heißt nicht nur Solothurns Wohltäter, sondern auch der Vogel, der der schönen Magelone im Mittelalter die Ringe aus dem Mieder raubte und so die Geschichte auslöst:

Peter von Provence verirrt sich auf der Suche nach den Ringen und findet seine Magelone erst am Ende des Lebens wieder.

Aufeinanderzu erzählt, ineinander erzählt, aber auch immer wieder dementiert, arretiert werden die Geschichten vom Autor, der als solcher, ohne je einen Auftritt zu haben, beteiligt ist und präsent; der für die beiden Trinker, Ueli und Magelone, Partei nimmt, ihr Fürsprecher wird und sie liebt in ihrer jahrhundertealten Einsamkeit.

Eine solothurnische Operette nennt Bichsel die Titelerzählung. Wer dazu Kitsch und Rührseligkeit assoziiert, lasse die zu Solothurn und seiner Geschichte gehören, zu den Generälen, Bürgermeistern, Ambassadoren und sonstigen Betuchten, zum Herrn Busant und seiner Schönmacherei. Wenn auch zu Ueli und Magelone, dann muß es ein anderer Kitsch sein; verwandt mit der verhaltenen Sentimentalität und leidenschaftlichen Innigkeit (beileibe nicht: Innerlichkeit) des Erzähltones in dieser und den andern Geschichten. Sie gehören zu denen, die Jörg Steiner solche nennt, »die dir wehtun, ohne daß du sagen könntest, warum«. Und sie sind erzählt von einem, dem oft genug das Heulen (das der Rührung und das der ohnmächtigen Wut) zuvorderst steht. Und gelegentlich heult er auch los – und schneuzt sich dann gleich, um es zu verstecken: Er rettet sich in die Form, heißt das. Bichsel ist, wie nie zuvor, ein Meister des Sichschneuzens.

Daten, Bilder

Mit seinen Eltern, 1938

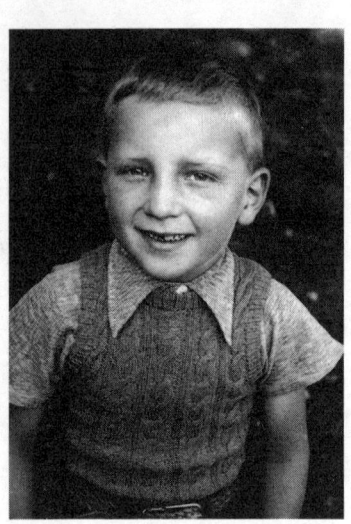

1942

1935
Peter Bichsel wird am 24. März in Luzern geboren. Vater Willi Bichsel, geboren 1907, ist Maler. Mutter Lina Bieri, geboren 1909, ist Hausfrau. Peter Bichsel besucht die Primar- und Bezirksschule in Olten.

1951
Studium am Lehrerseminar in Solothurn. 1955 Abschluß als Primarleher.

1955
Tätigkeit als Primarlehrer in Lommiswil und Zuchwil/Kanton Solothurn. Bis 1968.

1956
Eheschließung mit Marie Therese Spörri. Geburt der Tochter Christa Maria.

1957
Geburt des Sohnes Matthias.

1960
Erste literarische Veröffentlichung *Versuche über Gino* erscheint als Privatdruck.

1963
1963/64 nimmt er an dem von Walter Höllerer geleiteten Prosa-Schreibkurs im Literarischen Colloquium in Berlin teil. Andere Teilnehmer waren u. a. Klaus Stiller, Hubert Fichte, Hans Christoph Buch, Nicolas Born, Hermann Peter Piwitt. Dazu erschien ein Dokumentationsband *Prosaschreiben* (1964) und der von den Teilnehmern zusammen geschriebene Roman *Das Gästehaus* (1965). Zu diesem Roman schrieb Peter Bichsel das erste Kapitel.

1957 mit seiner Schulklasse in Zuchwil

Peter Bichsel
Die Wahrheit
oder »Entdämonisieren wir weiter«

Mühsam haben wir eine Legende über das Colloquium zusammengebastelt, erzählt, daß wir nur so zufällig da waren und diskutiert haben, und nun will uns das niemand glauben. Wir schämen uns inzwischen auch, daß wir nicht gleich mit der Wahrheit herausgerückt sind, aber das hat seine Gründe. Die Wahrheit ist nämlich so unglaubhaft, hatten wir das Gefühl, aber wenn man nun so hört, was die Leute von diesem Colloquium erzählen, muß man feststellen, daß die Leute es inzwischen doch ahnen: Hier also die ganze Wahrheit:

Wie ich zum Colloquium gekommen bin: Mein Vater ist ein leidenschaftlicher Bergsteiger und Hilfslehrer im Samariterverein. Wie er nun einmal auf dem Weißmies war, landete ein Piper not (das ist eine Flugzeugsorte), darin saß ein ehemaliger Seemann – das stellte sich erst später heraus – und dem hatte es überhaupt nichts gemacht. Der stieg aus dem Flugzeug, und mein Vater grübelte die Taschenapotheke aus dem Rucksack. Als der Pilot sagte, er heiße Ernesto, erschrak mein Vater sehr, weil er des Italienischen nicht mächtig ist, aber er hieß auch Schnabel, und das machte alles wieder gut.

Nun hinkte der Pilot, und das freute meinen Vater, weil er gern den Leuten hilft. Der Pilot hatte nämlich vor dem Start beim Baden einen Dorn eingetreten und litt nun sehr. Mein Vater nahm eine Pincette, Watte, Mercurochrom und ein Pflästerchen aus der Taschenapotheke, und alles weitere ergab sich dann.

Der Pilot sagte, er möchte nun auch etwas für ihn tun, er habe nämlich Beziehungen und ob er – mein Vater – etwa in die Gruppe 47 wolle. Mein Vater sagte, er möchte jetzt nicht noch in einen Verein, er sei schon im Schweizer Alpen Club (SAC) und im Samariterverein, aber er habe einen Sohn (mich also), der sei Lehrer und noch in keinem Verein. »Schreibt er«, fragte der Pilot, und mein Vater sagte: »Warum sollte er denn schreiben, ich sehe ihn ja jede Woche.« »Wenn er nicht schreibt, muß er zuerst ins Colloquium«, sagte der Pilot, »den Höllerer kenne ich nämlich auch.« Und so kam es, daß ich eines Tages meine Koffer packte und nach Berlin fuhr.

Da waren noch viele andere. »Das ist kein guter Pilot«, dachte ich, »wenn der so viele Notlandungen macht.«

Aber das war gar nicht richtig gedacht, denn die andern waren gar nicht auf Grund von Notlandungen hier; sondern weil sie die Tochter des Piloten waren oder sein nachmaliger Schwiegersohn (andere Tochter) oder Bayer oder Hamburger oder eben Berliner. Ich weiß nicht mehr, wer auf die Idee kam, wir könnten etwas schreiben. Vielleicht war es doch der Hans Werner Richter.

Schreiben ist sehr schwer, aber aller Anfang ist schwer, und wir machten dann auch ein Faschingsfest, da waren viele dabei, die es schon konnten, und die sagten, sie werden schon dafür sorgen, daß auch jemand die Sachen lese und das gab uns dann neuen Mut.

Wir mußten dann auch die Namen auswendig lernen von denen, wo schreiben können, und wir wurden abgefragt.

Höllerer rief einen Namen, und wenn es ein richtiger war, mußten wir in die Hände klatschen, wenn es ein falscher war, taten wir unberührt. Höllerer hatte aber sehr Mühe, falsche Namen zu finden, er hat nur die richtigen im Kopf – und das ist auch recht so.

Plötzlich rief Rühmkorf »Gottfried Keller« – das gab aber eine schöne Verwirrung.

Der Schwiegersohn vom Piloten und der Bayer haben zweimal falsch geklatscht, aber es wurde ihnen an den 800 Mark dann doch nichts abgezogen.

Am Schluß mußten wir dann alles abgeben, und sie machten ein Buch. Jeder bekam zehn davon. Mein Vater hatte sehr Freude daran und sagte, ich soll doch auch in einen Samariterverein, ich sähe jetzt selbst, wie sich das auszahle. 1964

1966

*Nächste Seite: Blödsinn machen mit Methode ist eines der Geheimnisse
von Peter Bichsels Lehrerberuf, 1965*

Die Schneiderin s
am Abend dem b

Der Hund unters
kurz vor Mittag, d
Rechnungen?

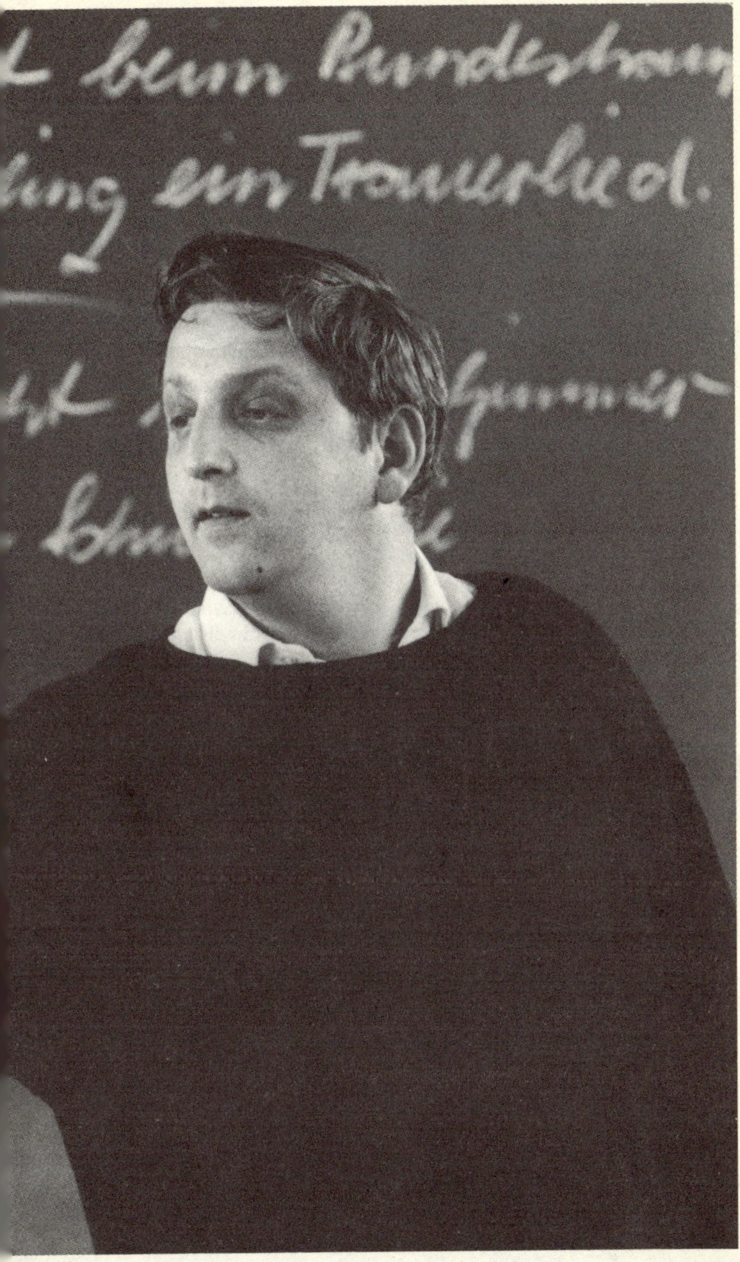
beim
ein Trauerlied.

1968, Primarschule

1964
Mitglied der Kulturredaktion der »Weltwoche« in Zürich (bis 1968). Peter Bichsel liest zum erstenmal bei der Gruppe 47 in Sigtuna, Schweden. Im Walter-Verlag in Olten erscheinen die Geschichten *Eigentlich möchte Frau Blum den Milchmann kennenlernen.*

1965
Literaturpreis der Gruppe 47 in Berlin für vier Abschnitte aus *Die Jahreszeiten*. Stipendium des Lessingpreises der Freien und Hansestadt Hamburg.

1966
Förderpreis der Stadt Olten.

1967
Die Jahreszeiten erscheint im Luchterhand Verlag.

1968
Peter Bichsel beginnt regelmäßig Kolumnen zu schreiben. Zuerst für die »Weltwoche« in Zürich, später u. a. für »Luzerner Neuste Nachrichten«, das Magazin des »Tages-Anzeiger« in Zürich, die »Schweizer Illustrierte« und die Gewerkschaftspresse.
Förderpreis des Kantons Solothurn für die Auseinandersetzung mit den Problemen seines Heimatlandes.

1969
Buchausgabe der *Kindergeschichten.* Unter dem Titel *Des Schweizers Schweiz* erscheinen gesammelte Aufsätze, die sich kritisch mit der Schweiz auseinandersetzen. Eine erweiterte Neuausgabe erscheint 1989.

Mit Max Frisch, 1970

Therese Bichsel, Jörg Steiner, Max Frisch, Peter Bichsel (1970)

1970

1970

Austritt aus dem Schweizer Schriftstellerverband aus Protest gegen die Mitarbeit des Vorsitzenden Maurice Zermatten am »Zivilverteidigungsbuch« der Schweiz. U. a. sind ausgetreten: Max Fritsch, Friedrich Dürrenmatt, Jürg Federspiel, Kurt Marti.
Deutscher Jugendbuchpreis für *Kindergeschichten.*

1971

In Zusammenarbeit mit Alexander J. Seiler erscheint der Film *Unser Lehrer.*
1971/72 Aufenthalt als »writer in residence« am Oberlin-College, Ohio, USA.

1972

Sein bis heute einziges Hörspiel *Inhaltsangabe der Langeweile* wird vom Schweizer Radio erstgesendet.

1973

Für ein Jahr wieder Primarlehrer in Halten / Kanton Solothurn.
Verleihung des Prix Suisse, Kategorie: Dramatische Sendungen für *Inhaltsangabe der Langeweile.*

1974

Peter Bichsel wird Berater des Schweizer Bundesrates Willi Ritschard (bis 1981).
   Unter dem Titel *Stockwerke* erscheint ein Auswahlband, herausgegeben von Heinz F. Schafroth.

1979

Unter dem Titel *Geschichten zur falschen Zeit* erscheinen zum erstenmal die Kolumnen als Sammelband.
Kunstpreis des Kantons Solothurn. Literaturpreis des Kantons Bern.

Bei einer Kundgebung in Solothurn zum Militärputsch in Chile, 1973

Der Stadtschreiber im
»Wasserhäuschen«
in Bergen-Enkheim, 1982

Peter Bichsel
équilibre

wenn helmut seinen hut
tief bis zu seinen knien zieht
wenn helmut wie ein seiltänzer
einen fuß vor den anderen setzt
und einen nüchternen spielt
dann tut er das
für mich

angesprochen darauf
erklärt er dem stadtschreiber
eine dame
eine dame habe ihm das beigebracht.

im sommer und ohne hut
fällt ihm das grüßen schwer
doch der knicks in seiner lende
der winters der bewegung seines hutes
        folgt
bleibt derselbe

wenn ich gefragt werde
ob bergen schön sei
werd ich verlegen
und wenn ich traurig sein werde
beim weggehen
hat das mit der schönheit von bergen
nichts zu tun.

nur damit
daß ich mich gewöhnt habe
an karl den elektriker
an ingrid an reinhold
an kilian an alfred
an egon und theo

und an den tiefgezogenen hut
von helmut
im winter
und an den gang des seiltänzers
auf dem weg zur trinkhalle

1983

Schlüsselübergabe an den neuen Stadtschreiber Jurek Becker, 1982

1980
Gastdozent an der Universität in Essen.

1981
1981/82 Stadtschreiber von Bergen-Enkheim/Frankfurt a. M.

1982
Im Wintersemester Gastdozent für Poetik an der Johann-Wolfgang-Goethe-Universität in Frankfurt a. M. Die Vorlesungen erscheinen unter dem Titel *Der Leser. Das Erzählen.*

Mit Willi Ritschard in Solothurn, Rückkehr aus Bergen-Enkheim, 1982

1985
Mitglied der Akademie der Künste Berlin. Korrespondierendes Mitglied der Deutschen Akademie für Sprache und Dichtung in Darmstadt.

Unter dem Titel *Schulmeistereien* erscheinen gesammelte Aufsätze.

Es erscheint *Der Busant*, ein Band mit Erzählungen.

1986
Peter Bichsel erhält den Johann-Peter-Hebel-Preis des Landes Baden-Württemberg.

Unter dem Titel *Irgendwo anderswo* erscheinen Kolumnen aus den Jahren 1980 bis 1985.

1987
Gastdozent am Dartmouth College in Hanover, New Hampshire, USA.

Mit Therese Bichsel, 1982

1989
Gastdozent am Middlebury College in Middlebury, Vermont, USA.
Gastpreis der Kulturpreise der Stadt Luzern.

1990
Das Hessische Literaturbüro in Frankfurt beginnt die Seminarreihe »Kleine Hochschule für Schriftsteller«. Im September wird die Reihe von Peter Bichsel eröffnet.
Es erscheint: *Möchten Sie Mozart gewesen sein?*
Unter dem Titel *Im Gegenteil* erscheinen Kolumnen aus den Jahren 1986 bis 1990.

Nächste Seite: In Solothurn, 1989

Günter Herburger
Bichsel

Auf seinem Rennrad
begleitet er durch die Nacht.
Meistens fährt er neben mir,
singt und erzählt Geschichten,
während ich zwischen Schweiß und
　　Frost
davonrinne oder wie ein Bartwal
tief unten noch Lieder anstimme,
oder er fährt voraus,
sorgt für Getränke und Bananen-
　　stücke.
Wie brennende Perlen rücken Dörfer
auf Schnüre gezogen vorüber,
manchmal schlägt sich auch ein Auto
erschreckt in die Büsche
und bleibt dort stehen.
Wenn Nebel aufkommt,
halten wir kaum mehr Abstand:
Ich höre das Sirren der Speichen im
　　Wind,
er begutachtet die Wirbel vor meiner
　　Stirn.

Manchmal, aber erst nach Stunden,
stoßen wir ein paar Schreie aus
der Rachsucht und der Freuden.

Sein Vater, ein Pelzhändler,
hatte sich in eine Skilangläuferin
　　verliebt
und war, ihrer Spur durchs Engadin
　　folgend,
mit einer Zeitung in der Hand
im Sessel gestorben nach dieser Jagd.
Meinem Vater, einst Tierarzt,
der stehend im Sattel reiten konnte,
hatte eine Kuh, die er operierte,
mit dem Horn das Herz aufgeschlitzt.

Wir sind alte Kinder,
das Sterben begann damals
schon vor dem letzten Krieg.
Beide wuchsen wir zwischen Frauen
　　auf,
kennen nur sie, Männern mißtrauend.

Gegen Morgen liegt Rauhreif
auf den Straßen, die Sonne erhebt sich
als Ball, der zum Spielen einlädt,
über Hochmoore und Kämme,
ein Betrunkener torkelt aus einem Gehöft
und schwört, falls er uns erblickt,
er verzichte nie.

Nach einer Brücke begegnen uns
Schlaf und Mühe, Geschwisterkinder
mit aufgerissenen Augen
am Rand eines Getreidefelds,
dessen Lichter durch Lücken,
die es trotz der Enge gibt,
stetig heller werden.
Mein Freund liegt beinahe auf seinem
　　Rad
solang ich, den Kopf zurückgeworfen,
noch Schritte riskiere,
die er mitzählt, um mich anzufeuern.

Eines Tags werden wir,
was für ein Glück, zu zwei Sitzriesen
　　werden,
noch Haltung korrigierend
oder wohin Blicke schweifen sollten,
aber dann wird eine stille Explosion
auch diese Neugierde leeren,
und wir werden gleich trägen
　　Schrapnells
um den Mond wandern oder um ein
am Himmel erloschenes Fell.

Des Schweizers Schweiz

Peter Bichsel

Notizen zur Misere

1

Überall, wo es keine Demokratie gibt, ist sie zu erhoffen und erstrebenswert.

2

Das gilt auch für die Schweiz.

3

Die Demokratie ist eine Vorstellung, also etwas Kulturelles. Ihre politische Institutionalisierung ist notwendig und wünschenswert, sie kann aber die demokratische Kultur nicht ersetzen. Die Institution bekommt ohne entsprechende Kultur ihre Eigendynamik und zerstört damit den Traum Demokratie, die Hoffnung Demokratie.

4
Warum?

5

Daß die Demokratie die beste aller schlechten Staatsformen sei, das ist eine alte bürgerliche Beschimpfung der Demokratie. Dieser Satz macht aus der Demokratie ein notwendiges Übel oder eine Schutzbehauptung der wirklich Herrschenden.

6

Erst nach und nach haben die ehemals Herrschenden gelernt, daß ihnen die Demokratie besser dient als der Feudalismus. Die Demokratie garantiert ihnen, daß sie innerhalb des Systems keine Feinde haben. Es war ihnen vorher nicht vorstellbar, daß die Armut gleich denkt wie der Reichtum.

7

Daß der Mächtige keine Feinde hat, das ist das Ziel aller Systeme, insofern unterscheidet sich die Demokratie von keinem anderen System.

8

Die Demokratie garantiert heute und vor der Geschichte die Schuldverteilung auf alle, das macht sie für die Herrschenden bequem.

9

Der Erfolg der Demokratie – der vorläufige – besteht ausschließlich darin, daß jeder Bürger das Recht hat, ein Reicher zu werden.

10

In der Schweiz ist die Demokratie bereits eingerichtet, also nicht mehr erstrebenswert. Der Traum Demokratie ist hier ausgeträumt – oder durch den »menschlicheren« Traum, reich und mächtig zu werden, ersetzt.

11

Die Demokratie war ein wirtschaftlicher Erfolg. Sie wurde auch im frühen 19. Jahrhundert mit diesem Argument von den Liberalen propagiert. Das Versprechen der Liberalen ist eingelöst worden.

12

Die Macht der Feudalen wurde durch die Macht der Liberalen ersetzt. Die Schweiz war als Einparteienstaat gedacht. Wer in die Regierung eintritt, tritt in den Freisinn ein. Das ist der einzige Hintergrund des sogenannten Kollegialsystems, das nirgends in der Verfassung festgelegt ist. Die Organisation der Macht ist in der Demokratie eine Gefühlssache.

Es ist der Demokratie gelungen, Schuld und Pflichten auf alle zu verteilen. Die Macht aber funktioniert immer noch außerhalb des Systems.

13
Innerhalb des Systems geht es um politische Karrieren, die durch die direkte Demokratie keineswegs erschwert, sondern erleichtert werden. Durch die demokratisch verteilte Schuld wird die Verantwortung der Politiker klein. Nicht etwa die demokratische »Durchschnittlichkeit« gefährdet die politische Arbeit und Innovation, sondern der Umstand, daß sich die Politiker auf die Umständlichkeit der Demokratie verlassen.

14
Die Klage über die mangelnde Stimmbeteiligung ist nichts anderes als die Klage der am System Beteiligten über mangelnde Liebe. Wenn die Stimmbeteiligung 33 % war, dann setze ich mich anderntags an die Straße und zähle die vorbeigehenden Leute, und dann staune ich, daß jeder dritte gestimmt oder gewählt hat. Wenn das den Beteiligten zu wenig Liebe ist, dann frage ich mich, woher sie ihren Anspruch nehmen. Der ungewählte Kandidat gibt der mangelnden Stimmbeteiligung die Schuld an seiner Nichtwahl, die abgelehnte Initiative gibt der mangelnden Stimmbeteiligung die Schuld. Eigenartig, die Liebebedürftigen wissen immer, wen die Nichtliebenden lieben würden.

15
Durch die Verteilung der Schuld wird die Macht unkontrollierbar, weil sich die eine Macht – die politische – als klein darstellt und sich die zweite – die wirtschaftliche – hinter der ersten versteckt.

16
»Die machen ja doch, was sie wollen« ist ein Mißverständnis des Bürgers. Die Politik verhält sich legal. Der Bürger aber weiß: wenn er sich mit Politik befaßt, dann befaßt er sich nicht mit der Macht. Er kann nicht über jene Dinge entscheiden, über die er entscheiden möchte. Die Dinge, die ihn unterdrükken, entziehen sich der Aufsicht des Staates.

17
So bleibt ihm wie in jedem anderen Staatssystem nur noch die
Hoffnung auf ein paar vertrauenswürdige Politiker, mit dem
Unterschied zu anderen Systemen, daß diese Politiker es genie-
ßen, keine Macht zu haben. Die Entmachtung der Politik
macht alle ohnmächtig; das heißt, sie macht die Mehrheit der
wirtschaftlich machtlosen ohnmächtig und die Minderheit der
Großbesitzer mächtig. Die allzu feine Verteilung der »Macht«
auf alle ist eine demokratische Forderung, die in ihrer letzten
Konsequenz Demokratie verhindert.

18
Die direkte Demokratie ist wohl die idealste Demokratie, aber
sie birgt in sich die Gefahr der Selbstauflösung. Selbstauflösung heißt Entpolitisierung, Verhinderung von Konfrontation.
Im Einparteienstaat können sich keine politischen Ideen ent-
wickeln.

19
Der Demokratisierungsprozeß der Schweiz ist längst abgeschlossen. Er wurde abgeschlossen in einer Zeit mit ganz anderen Problemen. Die Emanzipation der schweizerischen Demokratie ist undenkbar. Wir sind in einer Sackgasse. Nur deshalb
sind wir unfähig, auf die Probleme der Welt zu reagieren,
unfähig, UNO-Mitglied zu sein, unfähig, der EG beizutreten –
auf die Dauer auch unfähig, das zu halten, was wir allein und
egoistisch erreicht haben. Und dies unabhängig davon, was wir
möchten oder nicht möchten.

20
Kein Schweizer denkt an Demokratie, wenn er an die Schweiz
denkt; er denkt nur an Prosperität. Die Demokratie gehört zu
seinem Bild der Schweiz schon längst nicht mehr – die ist nur
noch da.

Daß der reale Sozialismus gescheitert ist, das bringt mich ebenso wenig davon ab, Sozialist zu sein, wie mich das Scheitern der realen Demokratie davon abbringt, Demokrat zu sein. Allerdings ist es nirgends so schwer, auf den Sozialismus zu hoffen, wie im Sozialismus – nirgends so schwer, auf die Demokratie zu hoffen, wie in der Demokratie.

Kaspar H. Spinner

Wir Schweizer sind Schweizer sind Schweizer

Eines Landsmanns Bichsel-Lektüre in der Fremde

»Ich bin Schweizer.«

Dieser Satz aus »Des Schweizers Schweiz« von Bichsel trifft auch auf mich zu; deshalb denke ich, wie so viele Schweizer, beim Lesen dieses Textes ständig: Ja, genau so ist es. Ich fühle mich gewissermaßen als Schweizer ertappt – und ärgere mich auch ein bißchen, wie man das so tut, wenn man auf die eigenen uneingestandenen Schwächen hingewiesen wird.

»Ich lebe in diesem Land.«

Dieser Satz trifft auf mich nicht zu. Ich lebe nicht »in diesem Land«, blicke aus der Fremde dahin, aus dem »Ausland«. Hier im Ausland (meinem »hier«) fragt man sich immer wieder, wie ich als Schweizer habe hierher kommen können, weg von der Schweiz. Dort sei es doch viel schöner. Ich denke dann an »Des Schweizers Schweiz« von Bichsel, an das »Unbehagen im Kleinstaat« (so der Titel des bekannten Buches von Karl Schmid), das immer wieder von Schweizer Schriftstellern geäußert wird. Aber es fällt mir schwer, begreiflich zu machen, wie ein Bedürfnis nach Distanz und zugleich eine unerschütterliche Verbundenheit mein Verhältnis zu meinem Herkunftsland charakterisieren. Doch wenn ich Bichsels Texte lese, sehe ich diese ambivalente Einstellung ausgedrückt; mit seinen Texten schafft er sich die Distanz zu dem Land, in dem er lebt und das für ihn nicht Ausland ist.

Liest ein Deutscher Bichsels Texte gleich wie ich, liest sie ein Schweizer, der in der Schweiz wohnt, gleich?

Bis in den Sprachrhythmus hinein, durch die hochsprachliche, schriftsprachliche Fassung hindurch, empfinde ich, daß hier ein Landsmann spricht. Das Äußerlichste sind die Alemannismen: Von »Papeterie«, vom »Kasten« (für Schrank) ist in

»San Salvador« die Rede, von »Agenda« (für Terminkalender) im »Kartenspiel«, von »Autocar« in »Die Tante«, und in »Holzwolle« steht der Satz: »In Schneemännern muß es auch etwas haben.« Das mag vielen Schweizer Lesern gar nicht auffallen, weil es sich um vertraute schweizerische Schriftsprache handelt; auf den deutschen Leser dürften die Formulierungen eine leicht verfremdende Wirkung ausüben. Fremde und Nähe im Text, die Vorzeichen verkehren sich je nach Leser: Alemannismen als Aufscheinen des Vertrauten oder als Einsprengsel aus fremdem Dialekt. Keinem Leser dürfte dieser Doppelaspekt so deutlich werden wir dem Landsmann in der Fremde.

Und dann der vertraute Tonfall, den ich geradezu höre, wenn ich Bichsels Prosa lese: diese gewisse Schwerfälligkeit, die Pausen, die Konzentration auf wenige Worte, die Wiederholungen, aber auch die häufige Verwendung des Konjunktiv II – Charakteristika nicht des Schweizerdeutschen schlechthin, sondern der Dialekte vom »Jurasüdfuß« (wie Bichsel sagt), dem »Gebiet von Solothurn und Bern«, der Gegend, in der sich Bichsel »zu Hause fühlt«. Was manchem Leser als bewußte Stilisierung oder auch als Ungeschicklichkeit auffallen mag, spricht denjenigen, der einen Dialekt dieser Gegend seine Muttersprache nennt, als Muster des Vertrauten an.

»Glanz, Bravour und Brillanz sind Bichsels Sache nicht.« Dieser Satz in der mit »Brillanz« geschriebenen Rezension Reich-Ranickis zum »Milchmann«-Bändchen beschreibt, was ein Schweizer Leser als eigenes Sprachproblem wiedererkennt: Glanz und Bravour bundesdeutscher Rhetorik liegen ihm nicht, verschaffen ihm immer wieder ein Unterlegenheitsgefühl. Bichsel selbst hat in einem Interview gesagt: »Ich verspüre wenig Talent beim Schreiben und stoße dauernd an meine Unfähigkeiten.« Und: »Das, was herauskommt, ist eher ein Produkt meiner Unfähigkeiten als meiner Fähigkeiten.«

Daß Produkte von Unfähigkeiten zu einem literarischen Erfolg in der Bundesrepublik und zu bevorzugter Schullektüre geworden sind, mag Schweizern, die solche Unfähigkeiten als die ihren erkennen, als ein Stück Selbstaufwertung vorkommen. Oder bleibt doch ein Unbehagen? Jene Umständlichkeit im Ausdruck, die mir auffällt und die mich trotz der nachsichtigen Toleranz bundesdeutscher Mit- und Zuhörer peinlich berührt, wenn ich zum Beispiel im Rundfunk Schweizer reden höre: findet sie sich nicht in Bichsels Texten wieder? Wiederholung der Substantive statt pronominalen Verweises, lieber ein paar Hauptsätze aneinandergereiht als komplizierte nominale und hypotaktische Konstruktionen, kurze Absätze, sozusagen mit Pausen zum Auffüllen: gekonntes Stilmittel oder Ausdruck sprachlicher Schwerfälligkeit? Die Ambivalenz will sich nicht auflösen.

Die Figuren in Bichsels Texten sagen wenig, ihre Aussagen bleiben wie in der Luft hängen, führen nicht weiter. In seinem autobiographischen Bericht »Mars« sagt Fritz Zorn über die Gespräche in seiner Familie: »Man brauchte bloß dahinter zu kommen, daß eine Sache ›schwierig‹ war, und schon war sie tabu. Man konnte dazu sagen: Aha, das ist ja ›schwierig‹; also sprechen wir nicht darüber und lassen wir das.« Bichsel erzählt zwar von einfacheren Menschen, nicht von Millionärsfamilien am Zürichseeufer, dem Milieu Fritz Zorns, aber auch Bichsels Figuren scheinen wortkarg zu sein, weil ihnen alles zu schwierig erscheint. Lieber die Dinge auf sich beruhen lassen, nicht zu viel bereden, keine Diskussionen vom Zaune brechen: die schweizerische Form von Toleranz?

Wenn ich Bichsels Texte lese, will es mir vorkommen, daß sie dieses Schweizer Problem nicht nur ausdrücken, sondern ihm selbst unterliegen. Ist ihre Simplizität nicht auch ein Alibi, daß mehr nicht gesagt werden muß? Die sprechenden Pausen, das atmosphärische Andeuten: ein Ausweg, um sich nicht in Schwierigerem zu verstricken? Ambivalent die Lesererfahrung also auch hier. Die Sprachskepsis, die in Bichsels Texten zum Ausdruck kommt, ist wichtig in einer Welt der Geschwätzigkeit: aber ist es nicht auch etwas bequem, das Schwierige schwierig sein zu lassen und fast ein bißchen kokettierend Schlichtheit zur Schau zu tragen?

Bichsels Texte beschreiben, stellen fest. Sie holen nicht weit aus, legen nicht Entwicklungen dar, leiten nichts her und führen keine Folgen aus. Auch das ist sehr schweizerisch: man stellt fest, aber man diskutiert nicht und spekuliert nicht herum. Und oft gesellt sich eine unangenehme Besserwisserei dazu, selbstgerecht zur Schau getragen. Als negativste Eigenschaft des Schweizers hat Dürrenmatt einmal die Tatsache bezeichnet, »daß er sich so positiv vorkommt«. Bichsel hat die Schulmeisterlichkeit der Schweizer kritisch beleuchtet. Aber ist sein Aufsatz »Des Schweizers Schweiz« nicht selbst eine Maßregelung der Schweizer, so daß man sich als Leser wie ein kleiner Junge vorkommt, dem die beschränkt-verdrehten Ansichten zurechtgerückt werden müssen? Und sind nicht auch die »Milchmann«-Geschichten ein wenig von oben herab geschrieben, von einem, der die Borniertheit der Figuren aufzeigen kann, weil er den besseren Einblick hat? Eignen sich Bichsels Geschichten vielleicht deshalb so gut für die Schule, weil man leicht eine sozialpädagogische Intention herausinterpretieren kann? Hat Bichsels sorgfältiges Benennen der Dinge, das gemächliche Aneinanderfügen der Sätze nicht auch etwas von schulmeisterlicher Pedanterie?

»Aber eine lustige Geschichte ist das nicht. Sie hat traurig angefangen und hört traurig auf«: so genau erläutert Bichsel als Erzähler, was es mit der Geschichte »Ein Tisch ist ein Tisch« auf sich hat. Gewiß, es handelt sich um eine Kindergeschichte. Aber ein wenig wie ein Kind komme ich mir immer beim Lesen von Bichsels Texten vor: »So ist denn der Schweizer auch überzeugt, daß nicht der Staat, sondern die Armee die Freiheit verteidige und garantiere. Das ist traurig; denn die Armee kann nur die Unabhängigkeit verteidigen.« Das steht in »Des Schweizers Schweiz«. Ein Schweizer als Schweizer über Schweizer: Belehrung der Besserwisser durch den, der es besser weiß.

Die Figuren in Bichsels Geschichten sitzen meist. Sitzen und warten, hängen ihren Gedanken nach, schauen zu. Sie sitzen im Gefängnis ihres Schweigens, im Gefängnis der Gewöhnung, der Ordentlichkeit; »Sitzen als Pflicht« heißt ein Aufsatz Bichsels. Was gibt es Schweizerischeres als dieses Sitzen in Bichsels Texten? Man läuft nicht voraus und nicht davon: es ist soweit

ja alles in Ordnung, man kann ruhig sitzenbleiben. Auch Bichsels Sprache läuft nicht, die Sätze folgen dem Gestus des Sich-
Hinsetzens; so sitzen sie nun da, einer neben dem anderen. Das
ruft einen Eindruck von Ordentlichkeit hervor, fast von Brav-
heit. »Damals waren wir Kinder. Jetzt sind wir Erwachsene.
Dreißig Jahre ist das her. Jetzt haben wir uns wieder getrof-
fen.« So ordentlich stehen, nein, »sitzen« die Sätze nebeneinander. Die bekannte, fast sprichwörtliche selbstgenügsame Ordentlichkeit des Schweizers auch hier in der Sprache dieser
Texte?

Bichsel kennt das Unbehagen an der Schweiz, er spricht es
aus und bleibt dabei Schweizer; Distanzierung und Verhaftet-
sein sind bis in den sprachlichen Gestus hinein miteinander
verquickt. Und der Leser, je mehr er selbst aus einer Verbindung von Distanz und eigener Betroffenheit heraus den Text
liest, erfährt desto mehr die Ambivalenz, die die Stärke von
Bichsels Texten zugleich ihre Grenze und ihre Grenze ihre
Stärke sein läßt.

*Anmerkung: Außer aus Texten von Bichsel habe ich zitiert aus W. Bucher/
G. Ammann: Schweizer Schriftsteller im Gespräch, Basel 1970/71; M.
Reich-Ranicki: Vom verfehlten Leben. Die Zeit 42, 16. 10. 1964; F. Zorn:
Mars, München 1977; K. Marti: Die Schweiz und ihre Schriftsteller – die
Schriftsteller und ihre Schweiz, Zürich 1966 (Dürrenmatt-Zitat).*

Max Frisch

Wer heute schreibt, ist sich seiner Ohnmacht bewußt

Laudatio auf Peter Bichsel (1981)

Meine Damen und Herren! Oder wie die Anrede lauten würde in der Gemeinde, wo Peter Bichsel herkommt:

Liebe Mitbürgerinnen und Mitbürger!

– und schon schleicht sich in dieses festliche Zelt die zudringliche Frage: Warum bleibt Bichsel nicht in Solothurn? Ein sehr schönes Städtchen. Warum will er denn seine lieben Mitbürger verlassen? Und Sie in Bergen-Enkheim werden sich des Verdachtes nicht erwehren können: Da kommt uns einer, der Schwierigkeiten hat in seiner Heimat, und vielleicht liegt's an ihm.

Peter Bichsel ist ein Poet.

Das wußte man schon nach seinem ersten Buch, das aus einigen hundert Zeilen besteht, »*Eigentlich möchte Frau Blum den Milchmann kennenlernen*«, und schon war er beliebt. Seine Landsleute gönnten ihm den deutschen Preis der Gruppe 47. Was noch dazu kam: Er war Volksschullehrer und kostete die Gesellschaft wenig. Ein Poet also wie gewünscht.

Als er eines Tages (in einem Film) unsere Volksschule so darstellte, wie er sie erfahren hat, wurde ihm noch verziehen: Man hielt ihm zugute, daß er sonst ein Poet ist. Das bestätigte sein zweites Buch: *Jahreszeiten*. Und auch wenn Peter Bichsel jahrelang kein neues Buch vorlegte, so schmälerte es seinen Ruhm nicht. Im Gegenteil, er störte nicht und blieb ein geliebter Poet und jung. Daß Peter Bichsel später das Lehreramt verließ, bevor er als Selbstdenker verwarnt worden ist wie andere oder von der Wiederwahl ausgeschlossen, galt als seine private Angelegenheit. Von seinen *Kindergeschichten* nicht bestrickt zu sein, war unmöglich. Das Gerücht, daß Peter Bichsel einem schweizerischen Bundesrat ab und zu die öffentlichen

79

Reden schreibe, Reden zur Energie-Politik zum Beispiel, galt als pikant und verdeckte, was nennenswerter ist: ein Politiker und ein Poet, die sich nicht nur bei Festanlässen begegnen, sondern in alltäglicher Zusammenarbeit –

der Bundesrat heißt Ritschard –

der Politiker also, den man von vornherein für den Realisten hält, weil unsere Politiker sich auf den schlauen Umgang mit Sachzwängen beschränken, und der Poet, der nicht jeden sogenannten Sachzwang als Schicksal bezeichnet, sondern zwischen Schicksal und Lobby-Trick eines Konzerns unterscheidet und ein Realist ist.

Ich weiß nicht, was die beiden, der Bundesrat und sein Poet, jeden Sonntag auf langen Spaziergängen im Jura geredet haben. Ich weiß nur allgemein: die Politiker haben so viel zu erledigen und vergessen früher oder später (wenn nicht schon von Anfang an) die Realität, und der Poet erinnert an die Realität... Geschichten zur falschen Zeit, geschrieben von Monat zu Monat und gerne gelesen auf Zeitungspapier, wo sie, als Bichselei zwischen Katastrophen-Bericht und Börsen-Bericht, so naiv erscheinen. Zusammengefaßt in einem Band entpuppen sie sich merkwürdig: Peter Bichsel fuchtelt nicht mit Politik-Vokabeln, sondern nimmt wahr und erzählt uns, was er da und dort wahrgenommen hat, zögernd. Nur das Vorurteil zögert nie mit Wörtern. Und das poetische Zögern, wo die andern im Vorurteil ihre Ruhe und Ordnung finden, ist subversiv. Früher oder später mußten die Landsleute es merken. Ein Aufsatz zur geistigen Misere der Nation, veröffentlicht im Spiegel, vermag sie nicht mehr zu bestricken. Wie immer: Die das Nest schmutzig machen, zeigen empört auf einen, der ihren Schmutz bemerkt, und nennen ihn den Nestbeschmutzer. Und so weit hat Peter Bichsel es gebracht.

Und nun die andere Frage:

Was erwartet Bergen-Enkheim von ihm? Die kühne Gemeinde, die Schriftstellern nicht einen Lorbeer zustellt, sondern einen Wohnungsschlüssel überreicht, liegt im Land Hessen, und da denke ich zuerst einmal nicht an Goethe in Frankfurt, sondern an den Hessischen Landboten:

Friede den Hütten

Krieg den Palästen

und an das junge Genie, das seiner Gesinnung wegen das
Land Hessen hat verlassen müssen, Georg Büchner, der damals
nach Zürich geflohen ist – das ist lang her: Die Schweiz war
damals freier als Hessen... Inzwischen ist Hessen auch demokratisch geworden und die Unfreiheit europäisch: Die Herstel-
lung der Neutronen-Bombe für Europa als Schlachtfeld entspricht einem Sachzwang für das amerikanische Selbstver-
ständnis als Führungsmacht nach Korea und Vietnam.

Ja, was vermag ein Poet?

Die alte Frage – sie stellt sich immer weniger. Wer heute
schreibt, ist sich seiner Ohnmacht bewußt. Die Zerstörung der
Menschenwelt ist in vollem Gang. Daß es zum großen Knall
kommt, wünschen auch jene nicht, die das Zeug dafür bereit-
stellen und vermehren und vermehren; sie rechnen damit, daß
die Angst siegt. Die Vernunft hat schon versagt. Unsere Aufrufe
zur Vernunft wirken überholt und verkennen die Sachzwänge.
Vielleicht läßt sich der große Knall beschränken, ja, das ist ihre
Hoffnung. Zum Beispiel eine atomare Schlacht nur in Europa.
Vielleicht sogar geht es ohne das. Was wissen wir? Und übrigens ist die Zerstörung der Menschenwelt ohnehin in vollem
Gang: ohne Sprengköpfe. Das weiß man langsam. Die Zerstörung der Menschenwelt durch die Sachzwänge der Produk-
tionsweise, die nun einmal da ist. Was also? Es kann durchaus
sein, daß unsere Kindeskinder noch geboren werden. Ob sie
noch lesen werden, was heute so geschrieben wird? Johann
Wolfgang von Goethe und Geringere, die vor uns geschrieben haben, sie alle rechneten mit einer Nachwelt. Das tut
kein Schriftsteller heute, glaube ich, und trotzdem schreiben
wir...

Warum nicht!

Was meinen Landsmann und Freund betrifft.

Er wird hören, was Sie denken –

Ab und zu wird er sagen, was er denkt –

Ferner prophezeie ich:

1. Peter Bichsel wird sein Solothurn nicht los.

2. Die Schweiz wird Peter Bichsel nicht los.

3. Ihr vorhandenes Schweiz-Bild, ob es ein nostalgisch-positives oder ein neckisch-negatives ist, wird er Ihnen zerstören. Dabei müssen Sie wissen, daß Peter Bichsel nicht die Stimme der Schweiz ist; er sitzt in keinem einzigen Verwaltungsrat. Manchmal wird er es vorziehen, von Australien zu erzählen.

4. Es ist nicht ausgeschlossen, daß Sie ihn einmal betrunken sehen. In der Regel, wir wir wissen, ist das eine Folge von Frustration. Aber denken Sie nicht sofort, die Frustration habe mit Bergen-Enkheim zu tun. Übrigens verträgt er ziemlich viel, lieber Wein als Hopfen und Malz, und seien Sie getrost: er wird nicht gewalttätig, sondern philosophisch. Dabei kommt es zu Thesen, die ihn selber so verblüffen, daß er auf keinerlei Zustimmung angewiesen ist.

5. Seine Nüchternheit wird Ihnen zu schaffen machen. Das vor allem. Es ist schwer, ihn zu betören mit Wörtern. Er nimmt sich selber beim Wort. Wenn er nicht genau weiß, was es zu sagen gibt, so schweigt er lieber. Und dabei ist er gesellig. Bis zum Morgengrauen. Es gibt einfach Wörter, die er nicht in den Mund nimmt, obschon sie als anständig gelten; er findet sie zu groß. Das macht ihm den Umgang mit gewissen Leuten nicht leicht, aber er kann nicht anders. Dabei ist er höflich, aber unbestechlich – das meine ich unter anderem, wenn ich sage: Peter Bichsel ist ein Poet.

6. Ab und zu wird er Heimweh haben. Sie werden es kaum bemerken; gleichzeitig ist er nämlich froh, daß er im Ausland wohnt. Das geht manchen Schweizern so.

7. Die Sprache, die ihn mit Deutschland verbindet, ist für den Deutschschweizer eine Sprache, die erlernt werden muß, und so wird Ihnen auffallen, daß Peter Bichsel, wie alle Deutschschweizer, etwas langsam redet. In einer Sprache, die man gelernt hat, redet man nicht flinker, als man denkt.

Was ich nicht prophezeien kann:

wie Bergen-Enkheim in die schweizerische Literatur eingeht. Ob überhaupt? Eine seiner Kindergeschichten hat den Titel: »Amerika gibt es nicht«, dabei ist Peter Bichsel auch in Amerika gewesen.

Bürgerinnen und Bürger von Bergen-Enkheim:
Verwöhnt euren Gast nicht allzusehr!
Wir wollen Peter wieder zurück.
Nämlich wir brauchen ihn.

Peter Bichsel

Rede in Bergen-Enkheim

(1981)

Liebe Bergen-Enkheimer
meine Damen, meine Herren
liebe Freunde

ich danke Ihnen,

ich gebe zu, daß ich stolz bin auf das Amt – das Scheinamt, um nicht sagen zu müssen Ehrenamt –, in das Sie mich gewählt haben.

Ich gebe auch zu, daß ich mir als Kind die Sache mit dem Dichter eigentlich immer so vorgestellt habe. Mein Entscheid, ein Schriftsteller zu sein – nicht etwa einer zu werden, sondern einer zu sein –, fiel sehr früh in meiner Schulzeit, und daß man das sein könnte, das habe ich eigentlich selbst entdeckt. Mir haben die Namen so gefallen, die unter den Geschichten im Lesebuch standen. Meine Eltern hatten fast keine Bücher, meine Eltern gehörten nicht zu jenen, die aus ihrem Sohn einen Ballettänzer, Tennisspieler, Eiskunstläufer oder Pianisten machen wollen. Ich bin in dieser Sache immer noch ihrer Meinung, und ich bin ihnen dankbar dafür.

Weil ich es selbst entdeckt hatte, wollte ich nicht etwa ein Schriftsteller werden und schon gar nicht ein Publizist, sondern ein Dichter, ein richtiger Dichter wie aus dem Lesebuch. Ich habe ihn später einmal angetroffen, den richtigen Dichter, in Goethes Schauspiel »Torquato Tasso« – und er hat mich sehr beschäftigt, und er hat mir sehr gefallen. Ein Dichter ist ein Mann, den man am Hofe brauchen kann – brauchen für nichts, oder vielleicht nur dafür, daß man einen Leidenden am Hofe hat. Die romantische Tradition will auch, daß Clowns im Grunde genommen und privat Leidende und Traurige sind. Wer weiß, vielleicht hat man sich auch Hofnarren nicht als Lustige, sondern als Traurige gehalten, als prominente Erfolglose, als solche, die sich ihr Geld mit dem Mißlingen verdienen. Wo das Mißlingen möglich wird, beginnt ein Teil der Freiheit.

Man hat mir gesagt, daß ich in diesem Amt keine Verpflichtungen habe. Erschrecken Sie bitte nicht, wenn ich das hier erwähne. Ich glaube Ihnen das nämlich nicht.

Wenn auf der Einladung zu dieser Veranstaltung steht, daß »die Bürger von Bergen-Enkheim auf diese Weise zur Bewahrung und lebendigen Weiterentwicklung unserer Sprache beitragen wollen«, dann ist das schon eine sehr hohe Verpflichtung. Ich bin gerne bereit, andere und praktische Verpflichtungen zu übernehmen –, diese eine aber – die Sprache zu wahren und zu fördern – muß ich von mir weisen. Ich fürchte mich ganz einfach davor, weil ich die Folgen – die politischen und gesellschaftlichen Folgen – von Sprachbewahrung und Sprachförderung nicht abschätzen kann. Ich benütze die Sprache, wenn möglich die vorhandene Sprache, das ist alles. Ich benütze sie als Material – und Material kann mitunter bei der Benützung sogar Schaden nehmen. Ich meine, man muß sie hie und da auch aufbrechen, diese Sprache, um zu sehen, was drin ist – und die Enttäuschung ist oft so groß wie beim Aufschlitzen des Teddybärs. An der Veredelung des Materials bin ich nicht interessiert. Das wäre mir ein allzu schweizerisches Geschäft und würde mich allzusehr an die heimische Uhrenindustrie erinnern.

Zudem – in einem Sinne bin ich ein Fremdsprachiger. Die hochdeutsche Sprache ist mir als mündliche Sprache, als Umgangssprache, fremd. Vertraut ist sie mir nur als Schreib- und Lesesprache.

Vielleicht ist es aber nicht nur der Schweizer, der mich zum Fremdsprachigen macht, vielleicht ist es auch der Schriftsteller. Wenn ich die Sprache der Politiker, der Kaufleute, der Manager höre, wenn ich die Sprache der Erfolgreichen höre – die ihren Erfolg mitunter auch mit der Sprache gemacht haben – dann stelle ich fest, daß der Schriftsteller, woher er auch immer kommt, ein Fremdsprachiger ist – einer, dem die Sprache nicht selbstverständlich ist – einer, der die Sprache nicht einfach nimmt und für seine Zwecke zurechtbiegt, sondern einer, der sie bestaunt und beobachtet, wie wenn er sie immer wieder zum ersten Mal sehen würde. Das Erlernen einer Fremdsprache kann dem Arbeitserlebnis eines Schriftstellers verwandt sein. Schriftsteller sind Fremdsprachige, auch dies kann sie im nationalen und politischen Bereich zu Unbequemen machen, zu Unbenützbaren.

Für was man diese Schriftsteller überhaupt brauchen kann, das wird wohl die Frage bleiben so lange es sie gibt. Wohl am ehesten zum Lesen. Es gibt Leute, die lesen – also muß es Leute geben, die schreiben. Schriftsteller produzieren für einen sehr kleinen Teil der Bevölkerung. Das Erlernen des Alphabets macht einen noch lange nicht zum Leser. Alphabeten sind nicht Leser, zum Leser werden sie erst als Alphabetomanen – jene eigenartige Manie oder Sucht, dauernd Buchstaben oder Wörter vor den Augen haben zu müssen.

Nur Leser kennen jenes eigenartige Rauschgefühl, das sich beim intensiven Lesen fast unabhängig vom Inhalt einstellt: ein leichtes Abheben vom Boden, eine leichte und angenehme Verwirrung des Hirns. Jedenfalls bin ich sehr gefährdet, wenn ich nach zwei Stunden Lesen über die Straße gehe. Meine Aufmerksamkeit läßt nach, ich träume, Lesen macht mich auf eine angenehme Art arbeitsunfähig.

Zwar wird das Lesen von Staat, Gesellschaft und Schule propagiert. Ich finde das gut und unterstütze es. Ich kann nur nicht so recht an die Aufrichtigkeit dieser Propaganda glauben – ich weiß nicht, ob das Lesen immer noch propagiert würde, wenn die Propaganda Erfolg hätte. Ich fürchte, allgemeines Lesen wäre dem Bruttosozialprodukt und dem verbissenen Leistungsdenken nicht förderlich. Lesen macht arbeitsunfähig, und zudem sind leidenschaftliche Leser in ihrer Freizeit schlechte Konsumenten. Ich finde es schön und gut, daß der Staat Leser will – fraglich bleibt, ob er dann auch den Staat will, den die Leser wollen. Leser sind jedenfalls noch gefährlicher, noch subversiver als Schriftsteller. Und sie sind eine Hoffnung. Ich meine die Hoffnung, mit der man sich bei allen Kennern der Materie von links bis rechts lächerlich macht, die Hoffnung auf ein bruttosozialprodukt-unabhängiges Leben.

Lesen ist zeitaufwendig, man braucht viel Zeit zum Lesen, und man wird müde dabei wie bei der Arbeit. Ich kenne Leute, die nur halbtags arbeiten – und nur die Hälfte verdienen – nur um Zeit zum Lesen zu finden. So schön die Vorstellung auch ist: der Industriearbeiter, der von der Arbeit kommt und sein Buch liest – ich kann mir nicht vorstellen, daß man nach einem harten Tagwerk die Kraft zum Lesen noch findet. Eine Gesellschaft von Lesern müßte eine andere Gesellschaft als diese sein. Wollen wir das wirklich riskieren?

Ich selbst kann mir den Luxus leisten, tagsüber zu lesen – den ganzen Tag. Und wenn ich einen ganzen Tag gelesen habe, dann habe ich einen erfüllten Tag hinter mir. Dann gehe ich in die Kneipe und trinke mein Bier, und vielleicht – das wäre eine schöne Vorstellung – kann ich da jenen erzählen, die die Kraft zum eigenen Lesen nicht mehr haben. Erzähler jedenfalls, das wäre ein schöner Beruf.

Ich habe Zeit – ich schätze mich glücklich, Zeit zu haben. Es ist ein altes Elend, daß immer jene beschenkt werden, die bereits besitzen – Sie haben mir mit dem Amt des Stadtschreibers von Bergen etwas geschenkt, das ich zu schätzen weiß – Sie haben mir Zeit geschenkt, ein Jahr Zeit – das ist sehr viel.

Ich bin Ihnen dafür dankbar, und ich kann Ihnen nur eines versprechen: Ich werde versuchen, mit dieser geschenkten Zeit großzügig umzugehen. Ich werde versuchen, Ihnen möglichst viel von dieser geschenkten Zeit zurückzuschenken.

Ich danke Ihnen.

Und in meinen Dank mischt sich ein Stück Beschämung. In jenem reichsten Land der Welt, wo ich herkomme, gibt es solche Ämter nicht. Und würde es sie dort geben, sie würden bestimmt nicht einem Ausländer zufallen. Das tut mir leid und ich schäme mich dafür. Schuld daran ist unter anderem das Prinzip des mausarmen Staates im steinreichen Land, ein gefährliches und letztlich undemokratisches Prinzip, ein Prinzip, mit dem jene die Demokratie bekämpfen, denen sie im Wege ist.

Aber lassen wir das. Ich habe mich in den letzten Jahren zu viel mit Politik beschäftigt – mit braver, pragmatischer Politik – und im Grunde genommen liegt mir das gar nicht.

Ich verspreche mir auch in dieser Richtung etwas mehr Ruhe von meinem Exil her.

Trotzdem, ich bin mir bewußt, daß das Amt des Stadtschreibers von Bergen kein apolitisches Amt ist. Ich bin mir bewußt, daß ich mit der Annahme dieses Amtes meine Bereitschaft erklärt habe, mitzumachen.

Mitmachen ist immer – so oder so – etwas Politisches.

Ich komme, ich muß das zu meiner Schande gestehen, mit Vorurteilen zu Ihnen. Ich meine, ich habe meine Vorstellungen von Deutschland – von dem Land, in dessen Sprache ich schreibe, von dem Land, wo ich meinen Verleger habe, wo ich den größten Teil meiner Leser habe und einen guten Teil meiner Freunde. Die Vorurteile, die ich habe, sind Vorurteile gegenüber dem Ausland. Uns Schweizern wurde in der Schule noch eingeimpft, daß es im Grunde genommen nur zwei Länder gibt, das Inland und das Ausland, das im Mittelhochdeutschen noch Elend hieß. So aufgeklärt bin ich allerdings inzwischen, daß ich weiß, daß ich nicht ins Elend komme. Ich freue mich auf meinen Aufenthalt hier, und ich hoffe, daß ich hier in der Bundesrepublik, in Frankfurt, in Bergen-Enkheim das Wort »Ausland« ein für allemal vergessen werde, daß ich Euch verstehe und daß Ihr mich versteht.

Ich danke Ihnen.

Rolf Niederhauser

Ein klein wenig sensibler für das Unbedeutende werden

Peter Bichsels literarische Politik

Wir sitzen am runden Tisch kurz nach Mittag in der halbleeren Wirtschaft, und jemand erzählt eine Geschichte. Einer, der später dazukommt, ein Bauarbeiter im blauen Überkleid, grüßt, setzt sich, bestellt ein Bier. Er schaut sich in der Runde um, begrüßt nochmals den einen, den er kennt, und: Wie geht's? Dann plötzlich, in eine Pause hinein, fragt er über den Tisch: Sind Sie nicht der Herr Bichsel?, und während Peter nickt: Sie habe ich doch letzten Samstag im Radio gehört, das hat mir sehr gut gefallen, wollte ich nur sagen, das war prima. Er sagt auch noch, was ihm besonders gefallen hat an dieser Samstagmittagsendung von Peter Bichsel (Zytlupe), die neuerdings regelmäßig ausgestrahlt wird. Er weiß es nicht mehr genau, nicht mehr wörtlich, aber dem Sinn nach, und es hat ihn sehr beeindruckt. Und Peter dankt, freut sich, wirkt auch ein wenig verlegen, aber wohl nicht wegen seiner Prominenz. Am Stammtisch ist Prominenz kaum mehr als ein Merkmal, eine Eigenschaft halt, so wichtig und unwichtig wie alles, was man voneinander weiß; am Stammtisch ist er nicht Peter Bichsel, sondern der Bichsel Peter. Und jedenfalls freut es ihn herzlich, das Lob, und ein bißchen auch, habe ich den Eindruck, schelmisch.

Eine Geschichte aus Peter Bichsels Alltag in Solothurn: ich bezweifle sehr, daß es die alltägliche Geschichte irgendeines Autors irgendwo sein könnte. Und nicht nur, weil es ein Arbeiter ist, der ihn für seine Radiosendung lobt, es könnten auch eine Blumenverkäuferin oder ein Versicherungsvertreter sein. Freilich: daß hier ein Schriftsteller es geschafft hat, einen zu erreichen, der kaum Bücher liest, einen Nichtleser, das ist immerhin ungewöhnlich. Darüber hinaus – ich habe jene Radiosendung auch gehört – scheint mir, daß Peter Bichsel es vielleicht geschafft hat, aus diesem Nichtleser für einen Augenblick einen Leser zu machen. Ich meine, er hat ihn nicht nur mit einer Aussage erreicht, sondern mit Literatur. Gewiß hat er den Mann nicht als Leser gewonnen mit dieser einen Radiosendung, aber immerhin. Und ich meine nicht, als Leser seiner Bücher, ich meine, als Leser überhaupt. Mir scheint, er hätte es darauf abgesehen.

Nach dem Erscheinen der inzwischen in aller Welt gelesenen *Kindergeschichten* hat ihr Autor zehn Jahre lang nichts mehr von sich hören lassen. Fast nichts, jedenfalls. Seinen Ruhm hat das nicht geschmälert, aber die Frage, ob er nicht mehr schreibe oder wann ein neues Buch von ihm erscheine, hat er sich schon gefallen lassen müssen. Und in einem Interview gab er einmal zur Antwort: »Ich stelle mit Entsetzen fest, daß auch Leute mir diese Frage stellen, die kein Buch von mir gelesen haben, Leute, die mich kennen, mit denen ich dann und wann ein Glas Wein trinke. Aber die wollen eigentlich kein neues Buch von mir, sondern sie haben nur Angst, ich könnte plötzlich kein Schriftsteller mehr sein. Was benötigen diese Leute, was erwarten sie? Vielleicht freuen sie sich darüber, sind stolz darauf, einen Freund zu haben, der Schriftsteller ist. Wenn er ein neues Buch herausgibt, haben sie die Garantie, daß er immer noch Schriftsteller ist und bleibt. Ich übertreibe. Aber hie und da habe ich das Gefühl: Das ist eigentlich das Verhältnis der Gesellschaft zu den Schriftstellern. Die Schweiz braucht einen Max Frisch, sie braucht ihn dringender als sieben Bundesräte, dringender als den Verwaltungsratspräsidenten eines Großunternehmens, dringender als einen Oberstkorpskommandanten. Aber sie braucht nur die Person und den Namen.« Und auf den ersten Blick mochte es scheinen, als habe der Schriftsteller Peter Bichsel, dies einsehend, sich entschlossen, seinen Posten einzunehmen und das Schreiben sein zu lassen.

1979 dann ging ein Aufatmen durch die Reihen der deutschen Literaturkritik, ein erleichtertes Raunen, und die Leser freuten sich: Gerade rechtzeitig, so schien es, kamen die *Geschichten zur falschen Zeit* heraus. Und niemand, auch nicht im Schweizer Publikum, war enttäuscht, weil es sich »nur« um die schon im Zürcher Tages-Anzeiger-Magazin erschienenen P. S.-Kolumnen handelte. Peter Bichsel ist noch ein Schriftsteller, und das genügt – vielleicht war es so. Jedenfalls hat man sich inzwischen dran gewöhnt, gern zu warten. Und ich denke, es wird nicht erwartet, daß sein nächstes Buch die Erwartungen erfüllt, die das letzte geweckt hat. Man muß nehmen, was kommt. Und es kommt kein großer Roman, und es kommen keine Kindergeschichten mehr, und wer noch einmal so etwas wie *Die Jahreszeiten* lesen möchte, der muß *Die Jahreszeiten* nochmals lesen. Was kommt, sind Essays, Kolumnen, eine Geschichte über Geschichten, und vielleicht, wer weiß, kommt sie doch noch eines Tages, die große neue Erzählung. Aber »Wann erscheint das nächste Buch von Ihnen?«: das ist inzwischen keine Frage mehr an diesen Autor. Irgendwie muß man ihn, so scheint es, einfach in Ruhe lassen.

Neuerdings blättere ich, am Kiosk oder im Wartezimmer meines Zahnarztes, die Schweizer Illustrierte durch. Diese SI ist eine der Wochenzeitschriften für die Schweizer Familie (die auflagenstärkste), die von Intellektuellen mit Sicherheit nicht gelesen wird, weil sie, wie der Verlag (Ringier-Konzern) selber behauptet, eher für die »unteren Segmente« der Bildungshierarchie in der schweizerischen Bevölkerung konzipiert ist. Aber nach den *Geschichten zur falschen Zeit* hat die Redaktion dieser Zeitschrift die Tages-Anzeiger-Idee mit den P. S.-Kolumnen übernommen, und mit Peter Bichsel schreiben jetzt auch Hugo Loetscher, Laure Wyss, Jürg Federspiel für die SI Kolumnen. Seither nehme ich sie wieder zur Kenntnis, diese biedere Illustrierte, die auch bei meinen Eltern früher immer herumlag, und hin und wieder kaufe ich sie sogar.

Ich freue mich über alles, was ich von Peter Bichsel zu lesen bekomme, und ich bin geneigt, alles, was ich von ihm lese, für Literatur zu halten. Regelmäßig schreibt er für eine Zeitung des Schweizerischen Gewerkschaftsbundes, hin und wieder erscheint etwas in einer kleinen Broschüre oder Anthologie, einmal im »Freibeuter« des Wagenbach-Verlags ein Aufsatz über

Heinrich Heine und in einer Ausgabe des Ex-Libris-Verlags ein Nachwort zu Robert Walsers »Geschwister Tanner«. Ab und zu ist eine Rede von ihm zu hören irgendwo, seit kurzem die Radiosendung am Samstagmittag. Und ich ertappe mich, wie ich auch ein Büchlein über unseren Bundesrat Willy Ritschard kaufe, der Peter Bichsels Freund und dessen persönlicher Berater er lange Zeit gewesen ist, weil darin ein Text des Autors (»Ein untauglicher Versuch, über einen Freund diskret zu schweigen«) zu lesen ist: ich kaufe es nicht aus politischen, sondern aus literarischen Gründen.

»Ich bin ein Wenigschreiber«, hat der Autor in jenem Interview vor Jahren gesagt, »man kann auch sagen, ich bin ein sehr fauler Schriftsteller.« Ich habe diesen Satz für billiges Understatement gehalten, obwohl ich den Glauben, daß Peter Bichsel in Tat und Wahrheit wohl sehr viel schreibe, leider nur heimlich und für die Schublade, lieber jenen überlasse, die ein Gesamtwerk von Unvollendetem nötig haben, um wenigstens vor dem Zeugnis der Nachwelt ihr hervorragendes Urteil über diesen Autor belegt zu wissen. Wahr ist an seinem Satz, daß er ein sehr sorgfältiger Schreiber ist. Und die Durchsicht all seines gesammelten Geschriebenen widerlegt ihn auch ein bißchen: Er erschrickt selber, wieviel es ist. Aber es fällt auf, daß er das meiste, was er geschrieben hat in letzter Zeit, in merkwürdig unbedeutender Weise hat erscheinen lassen, in literarisch sehr unauffälliger Weise. »Ich habe weder das Bedürfnis, noch fühle ich mich verpflichtet, ein großer und produktiver Schriftsteller zu sein oder zu werden. Ich habe nicht die Absicht, dieses Leben mit einem Denkmal abzuschließen«, hat er einmal gesagt, und: »Ich habe Mühe mit diesem Beruf, ich bin es inzwischen eigentlich recht ungern: ein Schriftsteller.«

Mir scheint, dies alles hängt auch damit zusammen, daß Peter Bichsel so etwas wie einen Widerspruch konstatiert zwischen Schriftsteller sein und Schreiben. In den Frankfurter Vorlesungen (»Der Leser. Das Erzählen.«) heißt es, »daß unsere Gesellschaft zwar keine Literatur, aber eben Schriftsteller nötig hat. Schreiben müssen die Schriftsteller nicht, weil wir Geschriebenes nötig haben; sie müssen nur schreiben, um

Schriftsteller zu werden, weil man so etwas wie Schriftsteller zu brauchen glaubt.« Welcher Autor könnte das genauer bezeugen als er. Das ist allerdings ärgerlich, und es ist denkbar, daß diese Konstellation den Schriftsteller unter gewissen Umständen am Schreiben hindert, daß die Gesellschaft, indem sie Schriftsteller braucht für irgendein Podest, Literatur verhindert. Ob sie das mit Absicht tut, das wäre die Frage.

Ich weiß nicht, ob Literatursachverständige Peter Bichsels *Geschichten zur falschen Zeit*, seine SI-Kolumnen und seine Ein-Mann-Hörspiele am Radio noch für Literatur halten. Ich vermute eigentlich, daß sie es nicht dürften. Zwar werden da Geschichten erzählt, aber der Autor braucht sie anscheinend nur als Vehikel für seinen gesellschaftskritischen Kommentar. Wendungen wie »Ich meine«, »Ich stelle fest« »Ich wehre mich dagegen« oder »Ich schäme mich dafür« sind häufig, charakteristisch, und sie stehen der Geschichte, die erzählt wird, mit wertender Distanz gegenüber. Der Autor sagt auch gleich, was er an der Geschichte wichtig oder unwichtig findet oder wie er sie verstanden haben möchte. Es fällt auf, daß seine Geschichten dabei etwas Gleichnishaftes bekommen haben, und mir scheint, dem Ton einer Radio-Predigt sind diese »Erzählungen« mindestens so sehr nachgeahmt wie einem Gespräch am Kneipentisch. »Ich versuchte, mündlicher zu werden«, erklärt der Autor: »Ich versuchte, die Sätze nicht mehr zu schleifen.« Beim Älterwerden habe ihn die Reinheit der Literatur immer mehr gestört, eine Reinheit, die nur vorgetäuscht sei und die sehr viele Dinge unbeschreibbar mache. Zudem gibt er zu, daß die P. S.-Texte unter Zeitdruck entstanden sind – wohl nicht allein unter Zeitmangel, wohl auch sehr unter dem Druck der Zeit stehend, unter dem Druck der politischen Alltagsthemen. »Polit-Schnulzen« hat er für sich selber diese P. S.-Kolumnen oft genannt. Und eine Nähe zum Kitsch ist beabsichtigt: »Ich stelle fest, daß im vielgeschmähten deutschen Schlager, den ich auch sehr nicht mag, [. . .] Verliebtheit eigentlich gar nicht so schlecht beschrieben ist, [. . .] aber Kitsch ist es und Schnulzen sind es, und vielleicht könnte man eben auch Politik einmal so beschreiben.«

Literatur, hat Niklaus Meienberg dagegen einmal behauptet, sei etwas zwischen zwei Buchdeckeln von zwanzig Franken an aufwärts. Und ich glaube, wie gesagt, nicht, daß Literatursachverständige Peter Bichsels neuere Texte noch dazurechnen dürften. Sollten sie es, nachdem die *Geschichten zur falschen Zeit* zwischen zwei Deckeln ruhn, trotzdem tun, so wohl allein deshalb, weil sie vor Jahren einmal beschlossen und Bichsel bescheinigt haben, daß er ein hoffnungsvoller junger Autor sei. Sie möchten von ihrem einmal abgegebenen Urteil nicht enttäuscht sein. Die Einsicht, daß Literatur sich verändern, auch immer wieder unliterarisch werden muß, wenn sie lebendig bleiben will, traue ich eigentlich den wenigsten dieser Sachverständigen zu. Und keinesfalls werden sie aufhören, auf Bedeutendes zu warten, und sie würden es wohl sehr schade finden, wenn es nicht käme – wer weiß, vielleicht zu Recht.

Er selber hat seine zehnjährige literarische Abstinenz – in einem Interview mit der Zeitung »Weltwoche« – einmal erklärt mit seinem politischen Engagement als persönlicher Berater von Bundesrat Ritschard: »Ich kann mich nicht am Morgen mit der Frage des Atommülls befassen und nachmittags ein Gedicht schreiben, völlig unmöglich. Ich kann mich aber morgens mit der Sache des Atommülls befassen, alles eine grauenhafte Scheiße finden, mich nachmittags besaufen gehen, und anderntags habe ich einen Kater. Dann kann man wieder kein Gedicht schreiben. Es ist eine Frage von Besetztsein.«

Sogar diese Erklärung hat etwas ungeheuer Literarisches, aber sie ist sehr ernst zu nehmen. Sie mag auch die Nähe der jüngeren Kolumnen-Geschichten des Autors zum politischen Alltag verständlich machen für jene, die diese Nähe unverständlich finden. Und nicht etwa dagegen, nur daneben stellen will ich eine Behauptung, die er zur Einleitung seiner Frankfurter Vorlesungen gemacht hat: »Die Schwierigkeiten, die die Schriftsteller mit der Germanistik, mit der Literaturhistorik haben, liegen wohl auch darin, daß die Literaturhistoriker Literatur immer wieder zu etwas Bedeutendem erklären. Sie schlagen damit dem Schriftsteller jene Hintertür zu, durch die Literatur nur gehen kann. Literatur ist darauf angewiesen, Unbedeutendes tun zu dürfen.«

Mir scheint: angesichts der politischen Wirklichkeit dieser »falschen Zeit« auf der einen Seite und dem dringenden Bedürfnis der Literaturkritiker nach literarisch Bedeutendem auf der andern, könnte der junge hoffnungsvolle Autor Peter Bichsel nach seinen ersten Erfolgen ganz einfach zehn Jahre gebraucht haben, um durch ein neues Hintertürchen den Zugang zur Literatur für sich wiederzufinden, den die literarische Gesellschaft mit ihrem Appetit auf Bedeutendes ihm verbaut. Der Autor Peter Bichsel ist darauf angewiesen, Unbedeutendes tun zu dürfen, und zwar – p. s. – nicht weil er Literatur nicht für etwas Bedeutendes hielte, sondern weil das Bedeutende in der Literatur nur aus der Freiheit zum Unbedeutenden überhaupt entstehen kann.

Die Geschichte, wie Peter abends durch die Stadt geht, von einer Beiz in die nächste auf der Suche nach einem Thema, nach einer Geschichte für die Kolumne, die er anderntags geschrieben haben und zur Post tragen müßte, die hat er nicht nur selber erfunden, sie ist zugleich wahr. Ich erinnere mich, wie er am späten Sonntag nachmittag in die Beiz kommt und auf die Frage »Wie geht's?« zur Antwort gibt, er habe seinen Kolumnen-Sonntag. Ob er schon ein Thema habe? Nein – weißt du mir eins? Und natürlich glauben alle zu wissen, daß er seit Tagen sein Thema mit sich herumträgt. Wie er dann vor Mitternacht plötzlich aufsteht und »Nein, heute in keine Bar mehr« sagt und geht – so, glaube ich, sind die meisten *Geschichten zur falschen Zeit* geschrieben worden.

Und vielleicht haben seine Geschichten irgendwie alle in einer Kneipe ihren Anfang. Ein alter Wirt in Solothurn ist überzeugt davon und sehr stolz darauf, daß die Milchmann-Geschichte in seiner Wirtschaft entstanden ist. Er erinnere sich, sagt er, sehr genau an jenen Abend. Ich mag nicht nachprüfen, wie weit es stimmt, was er behauptet, ich glaub's. In irgendeiner Beiz hat Bichsel seine Geschichten einmal gehört, dort sind sie ihm vielleicht nach langer Zeit wieder oder überhaupt in irgendeinem Zusammenhang eingefallen, und dort erzählt er sie wieder und wieder – man muß bekanntlich eine Geschichte sehr oft erzählen, bis sie gut ist. Daß er später am Abend dann auch einmal betrunken ist, das kommt vor, und wie Max Frisch es in seiner Rede zu Ehren des Freundes in Bergen-Enkheim den Leuten dort beruhigend versichert hat, wird er dabei »nicht gewalttätig, sondern philosophisch«. Es komme da zu Thesen, die ihn selber so verblüffen, daß er auf keinerlei Zustimmung angewiesen sei. Und so kennen ihn auch in Solothurn alle, und die mit ihm zusammensitzen, Freunde, Feindinnen, Genossinnen und Gegner, Fremde und gute Bekannte, glauben es, was er behauptet, lachen oder finden es unglaublich, ergänzen, widersprechen, und jemandem fällt dazu eine Geschichte ein. Und wenn sie es dann irgendwann schriftlich wiederfinden, was Bichsel ihnen einmal persönlich erzählt hat, in einer Kolumne oder einem Buch, freuen sie sich und sind stolz darauf, bei der Entstehung dabeigewesen zu sein – es ist dann ein bißchen auch ihre Geschichte.

»Literatur ist ganz eindeutig eine politische, eine gesellschaftskritische Arbeit«: Das hat Peter Bichsel vor fünfzehn Jahren gesagt. Damals meinte er noch die »reine Literatur« damit, die nur so etwas wie eine Inventur der gesellschaftlichen und persönlichen Umwelt darstellt: »Ich nehme nur das Inventar auf und lege es meinen Lesern vor und gebe ihnen die Freiheit, ihre Schlüsse aus diesem Inventar zu ziehen.« Journalistisches und literarisches Schreiben hat er damals noch entschieden getrennt.

Diese Trennung hat er inzwischen ziemlich aufgegeben, scheint mir, auch wenn die Art, eine Erzählung zu schreiben, sich immer sehr vom Schreiben eines politischen Kommentars unterscheiden wird. Die Intention ist für ihn dieselbe: Mißtrauen und Sorgfalt gegenüber der Sprache, Literatur als Mittel, die Sprache beim Wort zu nehmen.

Auch die P. S.-Kolumnen für den Tages-Anzeiger, sagt er, haben ihn aus rein literarischen Gründen interessiert, nicht aus politischen. Und ich habe zuweilen gar den Eindruck, eigentlich alles interessiert ihn nur aus literarischen Gründen. Das Literarische ist ihm aber keine Kategorie, sondern eine Haltung.

Wenn er in einer Radio-Sendung auf die Provokation eines hohen Schweizer Offiziers antwortet, der öffentlich sich über die Verweichlichung der Schweizer Soldaten beklagt hatte, so erregt das politisches Aufsehen. In der Blick-Zeitung ist anderntags der Satz zu lesen: »Diese Armee gehört mir genauso wie Ihnen« (Herr Korpskommandant), »und es ist eine Armee von Schweizern.« Und weil diese Armee uns allen gehöre, heißt es, habe Peter Bichsel gesagt, habe sie doch uns zu gleichen, und nicht wir der Armee, »sonst gehört sie nicht mehr uns, sonst gehören wir ihr, und das wollen wir wohl alle nicht.«

Das ist eine politische Aussage – aber rein literarisch argumentiert, Sprache beim Wort genommen, Sprache nach dem Gehalt befragt. Und der »Blick« zitiert diese Sätze kommentarlos. Mit solchen Sätzen macht Peter Bichsel aber unter den Radiohörern auch die Nichtleser für Minuten zu Lesern: durch Sprache, die imstande ist zu zeigen, was in unserem Alltag drinsteckt an Utopischem, und was nicht heraus darf für gewöhnlich. »Man muß die Armee mit denen machen, die man hat. Sonst müssen Sie sich ein anderes Volk suchen, Herr Korpskommandant.«

Wenn die Forderung an die »reine« Literatur in den sechziger Jahren lautete: Kein Kommentar, die Geschichte muß sich selber erzählen usw., so scheint es, als habe Peter Bichsel sich davon inzwischen völlig losgesagt. Es scheint, als liefere er jetzt selber kommentierend die Schlußfolgerungen, die aus seiner literarischen Inventur zu ziehen seien, als raube er dem Leser die Freiheit, sich seine eignen Gedanken zu machen. Und ich erinnere mich, wie in einer Lesung in Basel ein älterer Herr, offensichtlich einer, der etwas von Literatur verstand, sich beim Autor über diese Kommentare beschwerte.

»Der Mann in der Kneipe«, sagt Peter Bichsel, »erzählt ausschließlich und nur kommentierend, und jeder Satz, den er erzählt, ist nur Grund dafür, zu kommentieren. In diesen Geschichten versuchte ich, das sehr nachzuahmen.« Weit davon entfernt, dem Leser die Freiheit der eigenen Überlegungen rauben zu wollen, stellt er nur fest, daß Kommentieren offenbar ein Teil des Erzählens sein kann, eine Art des Erzählens selber: Das Kommentieren wird zum Gegenstand der Literatur. Das Ergebnis ist eine andere Literatur, keine neue wohl, aber eine andere als die »reine«.

Dazu ein Beispiel.

Wenn Peter Bichsel in einer Kolumne sagt: »Ich schäme mich«, zum Beispiel als Fernsehzuschauer in das angespannte Gesicht eines Hochspringers vor dem Hochsprung schauen zu müssen – »Ich komme mir als Voyeur vor, und ich schäme mich« –, dann halte ich es für möglich, daß er sich wirklich schämt. Er persönlich schämt sich, etwas mitzumachen, was er eigentlich falsch findet, mindestens sehr gefährlich. Dieser Blick in die Gesichter gequälter, sich selbst überwindender Menschen: er schäme sich, »dieser Lust am eigenen Leiden zigarettenrauchend zuzuschauen«. Aber das wäre ja wohl seine Sache, seine ganz persönliche, und ich glaube nicht, daß er nur das Bedürfnis hat, sich dem Leser mitzuteilen. Eher sagt er doch: Dafür sollten wir uns schämen, wie alle, die mitmachen, dafür sollte ich mich schämen. Und er persönlich schämt sich vielleicht auch nur, weil er sich dabei nicht schämt. Aber in der Kolumne, die er bei Gelegenheit darüber schreibt, erfindet er einen, der sagt: »Ich schäme mich«, und der das sagt, ist viel eher der Leser als der Schreiber. Denn der Leser hat sich den vorzustellen, der da sagt: »Ich schäme mich.«

Dieses Ich in den Kolumnen ist ein literarisches Ich, Bichsels Kolumnen sind nicht journalistische, sondern literarische Texte. Und der Kommentar, den der Autor scheinbar seinen Geschichten überstülpt, ist ein literarischer Kommentar, verfremdet, ironisch, ist der Kommentar einer Figur: der Kolumnist selber wird zu literarischen Figur seiner Texte. Allerdings, daß er selber, Peter Bichsel, beschließt oder irgendwann beschlossen hat, seine Erfindungen auch zu leben, das trau ich ihm schon zu.

Literatur *ist* Politik. Peter Bichsels Interesse am Schreiben von Kolumnen ist ein ausschließlich literarisches Interesse, aber dieses literarische Interesse selber *ist* Politik. Literarisches Denken *ist* Politik.

Der Trivialliteratur hat er in den Frankfurter Vorlesungen den Vorwurf gemacht, den Leser damit zu betrügen, daß sie nur das Außergewöhnliche erzählbar erscheinen lasse. Und: »Unser Leben wird dann sinnvoll, wenn wir es erzählen können« – das heißt aber, das Gewöhnliche, das Unbedeutende erzählen können, erzählbar machen, heißt, ihm Sinn geben.

Das ist ein Merkmal von Peter Bichsels Literatur seit jeher gewesen: sich Gedanken machen über das scheinbar Unbedeutende, das Un-Scheinbare. Wenn er einerseits von der Literaturkritik fordert (in: »Ein paar Bemerkungen zum Sportjournalismus«, literatur konkret 1979), sie müsse »ein klein wenig sensibler für das Unbedeutende werden«, so hat er in den Frankfurter Vorlesungen andrerseits die Parteinahme für das Unbedeutende überhaupt zur Aufgabe der Literatur erklärt: Geschichten statt Geschichte, erzählerisches Bewußtsein statt historischen Bewußtseins. Und das ist eine politische Forderung – aber Literatur nicht gemeint als Mittel der Politik, wie es viele linksengagierte Intellektuelle in den späten sechziger Jahren gefordert haben, gewissermaßen unter taktischer Ausnutzung des Sockels, auf den die Gesellschaft die Schriftsteller stellt, sondern die Literatur selber *ist* Politik.

Den Trivialautoren hat Peter Bichsel weiter vorgeworfen – und insgeheim wirft er es vielleicht auch der allzu reinen Literatur vor –, daß sie den Leser nur das Zuhören lehren, das Erzählen nicht. Den Lesern aber (und hie und da sogar Nichtlesern) das Erzählen vorzumachen, damit sie vielleicht Lust bekommen zum Nachahmen, das schiene mir schon eine bedeutende Aufgabe der Literatur zu sein. Und es wäre eine politische Aufgabe.

Ich denke, daß Peter Bichsel sich diese Aufgabe stellt, daß er versucht, mit der Vermündlichung der Literatur, mit dem Kommentieren der Geschichten diese Aufgabe zu lösen: der Kommentar nicht nur als literarisches, auch als pädagogisches

Mittel. Das häufige Gefühl des Lesers, das könnte ich doch auch, das schreiben, das gesagt haben – dem Literatursachverständigen wird es bestätigen, daß es sich hierbei nicht um Literatur handelt – mit diesem Gefühl wird der Leser einbezogen in die Geschichte. Er identifiziert sich nicht nur mit den Figuren der Erzählung, unter anderem mit der Ich-Figur, er identifiziert sich auch mit dem Erzählen selbst. Das ist, nebenbei Brechtsche Verfremdung, im Text selbst aufgehoben (dialektisch). Die Kommentar-Geschichten von Peter Bichsel verführen genauso zum Miterzählen, wie das Kneipengespräch zum Mitreden verführt. Und Mitreden *ist* Politik.

Peter Bichsel ist nicht nur ein guter Erzähler, sondern – ob im Gespräch in der Beiz oder als Kolumnist – auch ein sehr sorgfältiger Erklärer. Seine Methode im Umgang mit der vorhandenen Sprache ist immer literarisch, und viele seiner Kolumnen, auch einige seiner Geschichten, sind nichts anderes als ein sorgfältiges Nachdenken über die Dinge, die wir alltäglich so daherreden: was heißt eigentlich »stolz sein«, was heißt es »erwachsen« zu sein, »ein Mann« zu sein, »motiviert« zu sein zu irgendeiner Leistung? Beispielsweise mag Bestechlichkeit etwas Übles, Unaufrichtiges, Schelmisches sein, klar – aber gibt es zum Beispiel ohne die Neigung zur Bestechlichkeit noch so etwas wie einen politischen Kompromiß, und ist also Bestechlichkeit vielleicht menschlicher als die harte Unbestechlichkeit? Oder: leichte Beeinflußbarkeit, z. B. durch Reklame oder Mode, zeugt von schwacher Persönlichkeit, und ein freier Mensch kümmert sich nur um Dinge, für die er sich auch interessiert, klar – aber für wen eigentlich wird Werbung gemacht, wenn alle behaupten, dagegen immun zu sein, und ist einer, der sich nicht beeinflussen läßt, den nichts interessiert, wofür er sich nicht von sich aus interessiert, nicht auch ein Ignorant, einer ohne »Sinn für Interesse«? Peter Bichsel ist auch ein sehr listiger Erklärer.

Das Literarische, habe ich gesagt, sei für ihn nicht eine Kategorie, sondern eine Haltung der Sprache gegenüber und denen, die da sprechen: Spaß an der Sprache, Angst um die

Sprache, Angst vor der Sprache, Sorgfalt für die Sprache, erzählerisches Bewußtsein. So beschaffen, kann Literatur überall stattfinden, wo Sprache stattfindet, ist auf Gedrucktes nicht angewiesen, auf zwei Buchdeckel schon gar nicht. Literarische Stimmung, das heißt, in Geschichten denken statt in Argumenten, erzählen statt überzeugen wollen, Literatur als Lebensart – einander Geschichten erzählen, um nicht allein zu sein, mit diesen Geschichten, oder auch nur, um nichts Blöderes zu tun, oder sogar, wie es in der Einleitung zu den *Geschichten zur falschen Zeit* heißt: Um nicht reden zu müssen. Und ein Schriftsteller ist Schriftsteller, auch wenn er nicht schreibt, einer, der Sprache nicht lassen kann, einer, der in Geschichten leben und diese Geschichten losbekommen will.

Peter Bichsel ist einer der wenigen Erzähler heute, dessen Erzählkunst auf die Existenz von Gedrucktem nicht angewiesen ist und der die Literatur über den Untergang des Buches hinwegzuretten auch imstande wäre. Die Vorstellung, daß ein Mensch am Bildschirm noch ein Leser sein könnte, mit den Eigenschaften des Lesers von einst, wie Peter Bichsel ihn in seinen Frankfurter Vorlesungen einmal beschrieben hat, diese Vorstellung fällt uns schwer – zum Beispiel die Vorstellung, wie einer auf dem WC sitzt vor einem Bildschirm mit Videotext. Aber schließlich hat die Literatur in den dreitausend Jahren ihres Bestehens schon ganz andere Metamorphosen durchgestanden. Und mir scheint, in der Art, wie Peter Bichsel das »erzählerische Bewußtsein« praktiziert, ist mehr »historisches Bewußtsein«, als er vielleicht selber zugeben will.

Die politisch engagierte Literatur hat eine lange und gute Tradition in der Schweiz. Jeremias Gotthelf als Konservativer war ein politisch genauso bewußter Autor wie Gottfried Keller, dessen Verhältnis zu Gesellschaft und Schreiberei bis heute für viele fortschrittliche Autoren vorbildlich geblieben ist. Auch Peter Bichsel steht in der Tradition dieses Landes, auch er hat hier das Schriftsteller-Sein gelernt, also das Mitmachen in diesem Staat auch dann, wenn jene, die sich allzugern ganz allein für diesen Staat halten, es ihm immer wieder verübeln, daß er sich einmischt. Vor einiger Zeit hat er gestanden, er habe sich in den letzten Jahren vielleicht zu viel mit Politik beschäftigt, mit braver, pragmatischer Politik, und im Grunde genommen liege ihm das gar nicht. Es liegt ihm im Grund gar nicht, und er hat sich zum Mitmachen eigentlich nur bestechen lassen, und diese Bestechlichkeit ist vielleicht auch nicht so übel.

Ich halte es für denkbar, daß den Schriftstellern überhaupt, auch den engagiertesten, Politik im Grunde genommen nicht liegt – jedenfalls nicht Politik, wie die Politiker sie meinen: als Gerangel um Vorrechte und Rechte, um Freiheiten und Pflicht. Denkbar, daß der Aufenthaltsort der Schriftsteller eigentlich nie von dieser Welt ist, sondern im Jenseits ihrer literarischen Phantasie, ihrer Erzählungen liegt, und daß die Schriftsteller, wenn sie von Politik reden, vielleicht nur die Utopie meinen, von dieser Politik frei zu sein. Daß sie Anti-Politik meinen. In einem Beizengespräch hat Peter Bichsel sowas einmal gesagt: Schriftsteller sind alle Aussteiger.

Manchmal hat auch er, der sich deutlich zum Mitmachen entschlossen und sich für die Bestechlichkeit des Kompromisses entschieden hat, Lust auszusteigen. Literatur, sagt er in den Frankfurter Vorlesungen, sei für ihn immer der Eintritt in eine Gegenwelt, eine Art Anti-Politik. Lesen sei antirealistisch, berauschend, anstrengend, und es mache arbeitsunfähig: »Ich fürchte, allgemeines Lesen wäre dem Bruttosozialprodukt und dem verbissenen Leistungsdenken nicht förderlich.« Und das weiß Peter Bichsel auch als Schreiber. Er braucht seine Literatur – wie konservative Literaturkritiker es den engagierten Autoren immer wieder vorwerfen – gar nicht »in den Dienst der Subversion« zu stellen: Literatur an sich ist subversiv. Und indem er schreibt, erzählt, auf Märchenhaftem beharrt, auf der Möglichkeit eines vollkommen anderen insistiert, ist sein politisches Engagement als Poet radikaler als ein donnernder Kommentar zu irgendeinem Tagesgeschehen – und das erst recht, wenn das Erzählen ansteckend wird.

Eine Geschichte erzählen, um darin politische Gesinnung zu transportieren, das mag eine herkömmliche Form des politischen Engagements in der Literatur sein. Manchmal denke ich, Peter Bichsel kehrt dieses Muster um: er tut so, als nehme er

Stellung zum Tagesgeschehen, als gebe er einen Kommentar ab, als mache er mit – und in Wirklichkeit erzählt er eine Geschichte. Leute zu Lesern zu machen – vielleicht ist das sein politisches Ziel. Vielleicht ist er so etwas wie ein Agent, ein Anwalt, ein Agitator für Literatur, ein Werbefachmann für erzählerisches Bewußtsein. Er agiert da, wo die Leute nicht zurückschrecken aus Angst und Ehrfurcht vor der »bedeutenden Literatur«, und wo er auch hin und wieder einen Nichtleser anspricht: in seinen Kolumnen, am Radio, in der Gewerkschaftszeitung oder am Abend in einer Wirtschaft in Solothurn beim Bier.

»Ich selbst kann mir den Luxus leisten, tagsüber zu lesen – den ganzen Tag«, hat er den Leuten von Bergen-Enkheim gesagt, als er ihr Stadtschreiber wurde für ein Jahr. Und: »Wenn ich einen ganzen Tag gelesen habe, dann habe ich einen erfüllten Tag hinter mir. Dann gehe ich in die Kneipe und trinke mein Bier, und vielleicht – das wäre eine schöne Vorstellung – kann ich da jenen erzählen, die die Kraft zum eigenen Lesen nicht mehr haben. Erzähler jedenfalls, das wäre ein schöner Beruf.«

Der Leser

Peter Bichsel
Johann Peter Hebel

Dankrede zur Verleihung des Johann-Peter-Hebel-
Preises 1986

> Und als er das Buch zutat,
> gab er's dem Diener und setzte sich.
> Lukas 4, 20

»Jetzt aber, meine Freunde, müssen vor allen Dingen die Stühle
um den Ofen, der Schenktisch mit dem Trinkwasser an unsere
Knie gerückt und die Vorhänge zugezogen und die Schlafmützen aufgesetzt werden...«

Ich beginne damit weit weg von Hausen, nämlich in Wunsiedel oder in Auenthal oder in Hof in Franken. Dort lebte und
schrieb ein Mann, drei Jahre jünger als Johann Peter Hebel und
von Hebel sehr verehrt, der große Jean Paul.

»Jeanpaulisieren« nannte Hebel seine abschweifigen Spinti-
siererereien in seinen Briefen, und wer Hebels Briefe liest, der
erkennt die Liebe Hebels zu Jean Paul, die fast verwegene und
schlaumeierische Liebe.

Aber das schöne liebliche Zitat beschreibt diesen Jean Paul
schlecht, nämlich so wie ihn die Literaturhistorik immer wieder beschrieben haben wollte, als Idylliker.

Jean-Paul-Leser wissen es, er war das keineswegs. Die Liebe
zur Idylle allein macht noch nicht zum Idylliker. Das sei vorerst
auch einmal über Hebel selbst gesagt.

Aber bleiben wir beim gemütlichen Sitzen. Es gibt einen Vers
in der Bibel, der mir sehr gefällt. Ich bin sicher, daß er damals
auch dem frommen Jean Paul und dem frommen Hebel aufgefallen ist. Er wird nie zitiert, weil er fast nichts beinhaltet. »Und
als er das Buch zutat, gab er's dem Diener und setzte sich.« Das
ist ein epischer Satz. Seine Kürze entspricht keineswegs der
Länge des Sitzens. Er muß lange schweigend gesessen haben,
denn – so weiter – »Und aller Augen in der Synagoge sahen auf
ihn.«

Schon wieder die Idylle – das Bildchen – war Lukas ein Idylliker?

Der Satz steht nach der vierzigtägigen Versuchung des Jesus durch den Teufel in der Wüste und kurz vor der Feststellung, daß der Prophet nichts gelte in seinem Vaterlande. Die Ruhe zwischen den Stürmen, die epische Ruhe des Unbedeutenden, ein Satz, der eigentlich nichts zu suchen hat in der angestrebten Kürze der Erzählung. Ein Satz von Johann Peter Hebel könnte es sein, kein anderer war in der Kürze so ausladend episch wie er. Wenn er eine ganz kurze Geschichte beginnt, dann in der Regel so gemütlich, als hätte er stundenlang Zeit dafür, als hätten wir uns gemütlich einzurichten und die Schlafmützen aufzusetzen. Auch Hebel hat von der Bibel, von Luther gelernt. Unter anderem auch diese epische Breite in der Kürze.

»Sitzen« ist auch bei Hebel ein häufiges Wort:

»Dem geneigten Leser, wenn er zwischen seinen bekannten Bergen und Bäumen daheim sitzt bei den Seinigen, oder bei einem Schöpplein im Adler, so ist's ihm wohl, und er denkt just nicht weiter . . .« das steht ganz am Anfang des Schatzkästleins wie das Sitzen bei Jean Paul am Anfang des *Schulmeisterlein Wutz*. Aber Hebel macht seinen Sitzern einen sanften Vorwurf. Wer nur sitzt, der weiß dann nicht, woher die Sonne kommt und der Mond und die Sterne, und er beginnt seine Betrachtung über das Weltgebäude.

Wer den Hebel nicht kennt, der könnte erschrecken und ihm zuliebe aufstehen wollen. In diesem einen Falle meint er nämlich das Sitzen als ungebührlich und falsch.

Die Hausener aber, die kennen ihn und den Adler auch, und auch seinen Wunsch im Alter, seinen elf Mannen nach der Kirche im Adler ein Schöpplein zu zahlen.

Ja, sollen wir jetzt sitzen oder stehen, Herr Prälat Hebel? Und Hebel lächelt und sagt – so meine ich – mir soll's recht sein, ob ihr sitzt oder steht, und setzt sich zu uns.

Die Unentschiedenheit macht Hebel sanft. »Es wird uns allen sanft tun«, nämlich die Erzählung, heißt das bei Jean Paul im *Wutz*. Dem Unentschiedenen bleibt nichts, als sein Leben zu akzeptieren. Hebel jedenfalls ist nicht das geworden, was er werden wollte, kein Landpfarrer, aber der höchste kirchliche Beamte Badens, kein Schulmeisterlein, aber ein Ehrendoktor, kein Ehemann und Vater, aber ein stiller Liebhaber.

Wollte man seine Wünsche ernst nehmen, er hätte sein Leben verpaßt, und wir würden hier einen feiern, den wir gar nicht kennen würden, wäre er das geworden, was er angeblich werden wollte.

Ab und zu habe ich beim Lesen von Hebel auch den Eindruck, daß er fast widerwillig schreibt, es eigentlich auch lassen möchte, wenn eben dieser Kalender nicht gefüllt werden müßte, und hinterher stellt man wieder seine fast kindliche Freude über den Erfolg fest, über das Urteil Jean Pauls, über die Verneigung Goethes. Und die Sache mit dem Ehrendoktor? Natürlich darf sie ihm nicht wichtig sein, aber dann halt doch: »Sagen Sie es den Bächlein (im Oberland) daß ich kürzlich mit der Ehrendoktorwürde beehrt worden sei ... Die Bächlein tragen es am weitesten.«

Was nun Herr Doktor Hebel, was sollen wir tun? Sollen wir Sie verehren oder sollen wir es lassen? Und der Herr Hebel setzt sich wieder und lächelt.

Der Unentschiedene – die Unentschiedenheit war sein literarisches Prinzip: Er baut eine Pointe auf, er baut eine Moral auf. Er opfert die Pointe der Moral und dann wieder die Moral der Pointe, und oft opfert er gleich alles in einem und schiebt es mit einer Handbewegung weg.

Meine liebste Geschichte ist jene vom schlauen Husar geblieben, der einen geizigen Bauern betrügt, und dann heißt es am Schluß: »Das war fein und listig«, damit bin ich als Leser zufrieden und einverstanden, aber der Kalendermann kann das nicht so stehen lassen und der Pfarrer auch nicht, und er fügt an: »aber eben doch nicht recht«, und nun ist die Geschichte kaputt, denn er war so lustig, der Husar, und wir sind mit Hebel auf seiner Seite, und nun reut ihn die Geschichte, und er schiebt das alles weg, indem er das zweite verstärkt und fast lächerlich macht mit dem Zusatz »zumal in einer Kapelle«.

Mir scheint, es liegt etwas Christliches, oder wenn Sie wollen etwas Semitisches, in dieser Unentschiedenheit. Die eine Entscheidung, die Entscheidung dafür, daß dieses Leben ein Wunder ist und sinnvoll, macht alle anderen Entscheidungen unwichtig.

Hebel läßt Leute an Bäumen aufknüpfen, applaudiert mit Begeisterung dem Ende von Andreas Hofer – und ich weiß, und wir wissen es alle, er hätte es nicht getan.

Er hätte dem Übeltäter gesagt, daß man ihn aufknüpfen müßte, und ihn dann laufen lassen, und dem Zundelfrieder wird überhaupt keine Strafe angedroht. Der gehört ganz dazu und hat aus irgendwelchen persönlichen Gründen die Sympathie und die Protektion des Prälaten.

Heinrich Böll hat einmal in einem Interview gesagt, daß man doch nicht immer auf den gegenwärtigen Autoren herumhakken soll und sie der Unmoral bezichtigen. Man könnte doch auch mal die Geschichten vom Zundelfrieder lesen und mit einem toten Dichter – mit Hebel – schimpfen.

Die Hausener damals waren nicht nur glücklich über das *Schatzkästlein*, so wird berichtet, sie fürchteten, sie könnten gemeint sein. Hebel war nicht einfach ein Autor, der eingebettet war in der Liebe und dem Verständnis des Volks. Das sieht nur so aus, weil er sich selbst als Liebenden darzustellen wußte.

Er kommt in unsere Nähe. Er ermahnt die Burschen, nun endlich diesen Unsinn zu lassen, mit Strumpfriemen die Waden zu schnüren, um sie muskulöser erscheinen zu lassen, denn in Wirklichkeit erreichten sie damit das Gegenteil, unterbänden die Durchblutung, was dann ganz dünne Beinchen mache, und »Der Hausfreund fragt hiermit an, ob sein guter Rat befolgt worden ist, und will's noch einmal erinnert haben«, und jetzt käme bei jedem anderen Kalendermann die Strafe, die apokalyptische Drohung mit Siechtum und Tod, wie das heute noch die Bildzeitung tun würde, und bei Hebel heißt das nur »und (er) will's noch einmal erinnert haben, eh' er kommt und selber nachsieht«, nämlich der Hausfreund persönlich.

Wer weiß, ob nicht irgendwo im Wiesental ein Bursche die Strumpfriemen noch enger angezogen hat, um den Besuch des Hausfreunds zu provozieren. Aber jener hätte dann nicht gut gelesen, denn mit dem Satz war der Hausfreund ja schon da und meinte nichts anderes, als daß es ihm ernst sei. Es gibt nur ein Erziehungsmittel, und der sehr politische Jean Paul hat es in seiner Erziehungslehre, in der *Levana,* auch beschrieben: die Geduld. Nur der Unentschiedene ist geduldig, der Entschiedene kann es nicht sein.

Das ist ganz einfach eine Behauptung von mir. Ich glaube nicht, daß mir Hebel zustimmen würde, aber er würde mir – und das wäre fast schlimmer für mich – nicht einmal widersprechen. Die Alemannen sind Leute, die es darauf anlegen, nicht gleich erkannt zu werden. Der Reiche möchte nicht als Reicher erkannt werden, der Arme nicht als Armer, der Gescheite nicht als Gescheiter – und der Hanspeter Hebel wohl auch nicht gleich als Johann Peter Hebel, und ganz sicher war der Johann Peter daran interessiert, daß man den Hanspeter Hebel nicht gleich erkennt.

Ein Hausener hat mir gesagt, daß ich doch bitte kurz sprechen solle. Weil über Hebel schon alles gesagt sei, kämen die Gescheiten in ihren Reden auf die verrücktesten Details, und das wäre ja dann der Hebel auch nicht mehr.

Recht hat er, so wie auch der Hanspeter Hebel ein Recht darauf hat, daß wir ihn nicht kennen – daß er noch ein ganz anderer sein darf als der, den wir zu erkennen glauben.

Ganz unschuldig aber ist der Johann Peter nicht dafür, daß uns der Hanspeter so sehr interessiert. Der Hausfreund bietet sich uns immer wieder körperlich an, er kommt und schaut selber nach. Ich verstehe ihn – glaube ich vorschnell – so gut, daß ich selbst glaube, so zu sein wie der Hebel selbst. Das führt dann zum allgemeinen Hebelmißbrauch, und jeder entschiedene Fanatiker reklamiert ihn dann ganz für sich: der Patriot und der Volkstümler, der Soziale und der Religiöse und selbstverständlich auch ich.

Er hat sich das selbst eingebrockt – und es geschieht ihm recht.

Das hat Walter Benjamin freundlicher ausgedrückt, wenn er in seinem Essay *Der Erzähler*, in dem auch viel von Hebel die Rede ist, zu dem Schluß kommt: »Der Erzähler ist die Gestalt, in welcher der Gerechte sich selbst begegnet.«

Davon hat Hebel offensichtlich gewußt. Seine Prosa ist kalkuliert, er setzt seine Mittel bewußt ein. Der Erzähler Hebel wirkt bescheiden, aber im Grunde genommen kann er sehr eitel sein. Die Autorität des Hausfreundes ist ihm selbstverständlich. Man muß ihn anschauen, diesen Mann. Er ist kein skurriles Männchen vom Belchen, sondern ein schöner, stattlicher Mann. Seine Beamtenkarriere mag auch damit zu tun haben. Damit wäre auch erklärt, weshalb diese Karriere so zufällig und ungewollt erscheint. Der Unentschiedene hat es sich selbst zuzuschreiben, daß wir die Entschiedenheit in seinem Leben suchen.

Von seinen Briefen wurde schon viel gesprochen. Sie gehören zum Schönsten, was er geschrieben hat, und sie sind wiederum nirgends privat, sondern ganz bewußte Literatur – wohl nicht für die Öffentlichkeit gedacht, aber trotzdem Literatur. Ich komme mir nicht als Voyeur vor, wenn ich sie lese. Sein Trick des Schreibens ist ihm zur Natur geworden. Wir finden schriftlich nirgends einen privaten Hebel, wir haben uns mit dem Dichter Hebel zu begnügen. Mit einem Dichter übrigens, der vielleicht gar nicht die Absicht hatte, einer zu werden.

Ein Mann ohne Absichten wird ein großer Pädagoge, ein Volkserzieher. Ein Mann, der auch im Privaten Absichten mit Absicht unterdrückt. Der fünfunddreißigjährige Hebel schreibt in einem Brief: »Fünfzehn weniger, so hätte ich mich in ein schmuckes Demoisellchen verliebt und vielleicht – erschossen.«

Wer so etwas schreibt, der hat sich bereits verliebt. Nun spielt er den alten Mann und läßt den jungen Mann sich erschießen, und der alte Mann ist fein raus. Das ist nicht schön von Ihnen, Herr Pfarrer Hebel, daß Sie Ihre Späße treiben mit dem Selbstmord. Mir aber, ich gestehe es ein, gefällt es doch. Er treibt seinen bösen Spaß nicht mit dem Leben, er treibt ihn mit der Sprache, und er geht damit getrost das Risiko ein, daß ihn die eigene Sprache am eigenen Leben hindert.

Das ist kompliziert und vertrackt.

Ich lese Hebel schon lange und immer wieder in kleinen Portionen. In den letzten Wochen habe ich ihn in großen Portionen gelesen, und ich hatte dabei ein Erlebnis, das ich nicht erwartet hätte. Der Kopf beginnt einem dabei zu rauchen. Es wird zu viel, es wird kompliziert und oft fast unlesbar. Da gleicht er plötzlich auch in den einfachsten Kalendergeschichten seinem lieben Zeitgenossen Jean Paul.

Er täuscht Einfachheit vor und stürzt uns von einem Dilemma ins andere, aber er ist freundlich durch seine Anwesenheit. Der Autor läßt uns wenigstens nicht im Stich. Er weiß, daß er uns gefährdet, deshalb führt er uns an der Hand.

Und weil seinen Kalender alle lesen können, die Einfachen und Ungebildeten, die Komplizierten und Gebildeten und die Eingebildeten – deshalb kriegt jeder nur so viel mit, wie er erträgt. Deshalb auch erinnern wir uns an einen ganz anderen Hebel, wenn wir an unsere Leseerlebnisse in der Schulzeit denken, einen harmlosen und naiven Hebel. Es ist ein Zufall, daß er mir später wieder begegnete und ich ihn lieben lernte.

Und wenn wir schon dabei sind. Sie sehen, ich beherrsche die Grammatik. Es heißt nämlich wirklich »lieben lernte« und nicht etwa »lieben lehrte« wie wir im Alemannischen sagen würden. »Ein guter Teil der geneigten rheinländischen Leser wird ersucht, zwischen den Wörtern Lehren und Lernen einen Unterschied zu machen«, und dann wird es mit viel Zeigfinger erklärt. Verlegenheitsprosa gewiß und gerade deshalb eine wunderschöne Geschichte, geschrieben dem Schreiben zuliebe. Und ich bin überzeugt, Hebel selbst verwechselte die beiden Wörter immer wieder – wir tun es alle im alemannischen Raum – und das könnte ja auch eine alemannische Chance sein, daß Lehren und Lernen dasselbe ist. Wir könnten so ganz andere Schulen haben. Vielleicht prägte auch das den pädagogischen Stil von Hebel, daß es im Alemannischen für beides nur ein einziges Wort gibt, und Mißtrauen gegenüber der Schriftsprache ist doch ab und zu angebracht.

Dem Pädagogen Hebel bin ich übrigens erst durch diesen Preis direkt begegnet. Ich habe endlich auch die biblischen Geschichten gelesen. Interpreten und Biographen Hebels haben oft nur ein verlegenes Schulterzucken dafür übrig, und ich Esel habe ihnen jahrelang geglaubt.

Ich bitte die Literaturhistoriker inständig, dieses Fehlurteil endlich zu korrigieren und nicht noch mehr Esel von der Lektüre abzuhalten.

Ich habe den Aufklärer Hebel kennengelernt. Es gibt in seinen Geschichten keine Wunder, oder sie werden natürlich und vernünftig erklärt. Das taten die Aufklärer alle, oder sie lachten gar über das Wunder.

In der Geschichte vom Propheten Elias steht am Anfang ein eigenartiger Satz, der in der Bibel nicht zu finden ist: »Elias war unter anderem ein wetterkundiger Mann«, und dann der wichtige Satz: »Die Wetterkunde hatte er von Gott.« Dann folgt die wunderschöne Sache mit der Witwe und ihrem Topf und ihrem Krug, die nie leer wurden, und Hebel erklärt das Wunder: »Es ist wohl zu glauben, daß es gute Menschen aus der Nachbarschaft waren, welche der armen Frau täglich so viel zum Unterhalte des Propheten zutrugen ... Gott kann auch wunderbar die seinigen retten.« Dann muß er den König vom Götzendienst abhalten, und er verspricht ein Ende der Trockenzeit dafür, und ein kleines Wölkchen erscheint am Himmel, und es kam ein großer Regen. Und dieses Wunder muß er nun nicht mehr erklären, das hat er am Anfang schon getan: »ein wetterkundiger Mann. Die Wetterkunde hatte er von Gott.«

Hebel leugnet die Wunder nicht. Die Menschen selbst sind das Wunder, und das Leben ist das Wunder, der Belchen ist das Wunder, er wird bei Hebel fern aller Idyllen zum großen Berg – zum Fudschijama des Oberlandes – die Wunder sind hier, der Zundelfrieder gehört mit zu den Wundern – wir Menschen sind das Wunder. Das Wunder aber ist wie die Wetterkunde von Gott.

Wie schäbig sieht daneben das konservative Wunderverständnis aus!

Und eigenartig: Hier, wo Hebel glaubte, reine Zweckliteratur zu schreiben, hier erscheint er mir plötzlich als fast privat. Die Nebensätze sind genauso die wichtigsten wie in den Kalendergeschichten, aber sie sind nicht mehr schlaumeierisch vertrackt. Hier, wo er glaubte, kein Dichter mehr zu sein, glaube ich, ihn ein bißchen kennengelernt zu haben.

Aber wie gesagt, auch unser lieber Hausfreund hat ein Recht darauf, daß wir ihn nicht kennen.

Und vielleicht hatte er auch gar nicht die Absicht, ein großer Dichter zu werden – ich bin fast sicher, daß er die Absicht hatte, es nicht zu werden.

Vor dieser Absicht verneige ich mich in Ehrfurcht, und ich danke dem Johann Peter Hebel, und ich danke Ihnen, und ich danke allen, die Hebel lesen.

Martin Zingg
Schwer widerlegbare Sätze
Peter Bichsels Geschichten
über Literatur

> Es ist ja ein altes Problem: wenn man
> über Literatur spricht, muß man aus
> Zeitgründen die Literatur weglassen.
> P. B. in *Der Leser. Das Erzählen*

I

Im Jahre 1982 hält Peter Bichsel, im Rahmen der sogenannten Poetik-Vorlesungen, an der Frankfurter Johann-Wolfgang-Goethe-Universität fünf Vorlesungen über Literatur. Noch im selben Jahr erscheinen die Vorlesungen in Buchform, unter dem Titel *Der Leser. Das Erzählen.* Inzwischen liegen sie bereits in der fünften Auflage vor: das Buch, dessen Titel auf den ersten Blick doch eher ein theoretisches, nicht gerade kulinarisch-unterhaltsames Lesevergnügen in Aussicht stellt, ist ein Erfolg geworden. Für eine Publikation, die ihr Entstehen einem akademischen und mithin nicht unbedingt literaturbegeisterten Umfeld verdankt, ist ein solcher Erfolg zweifellos überraschend. Da wir es jedoch mit einem Buch zu tun haben, in welchem Peter Bichsel über Geschichten spricht, darüber, was sie ausmacht und wozu sie gut sein können, ist der Erfolg wiederum sehr verständlich. Es sind Geschichten über die Literatur und den Umgang mit ihr, erzählt von einem Autor, der so merkwürdig voraussetzungslos daherzukommen scheint, ohne Vorgänger oder Vorbilder – und der zugleich auf eine unvergleichliche Weise Schule gemacht hat, vor allem in der deutschschweizerischen Literatur.

Wie schreibt dieser Autor, das möchte man natürlich gerne wissen; welche Autoren und Autorinnen, welche Bücher sind seine liebsten und warum?

Und zugleich ahnt man schon: man wird ihn erst dann ganz verstanden haben, wenn man ihm erlaubt, auf derlei Fragen mit einer Geschichte zu antworten.

2

»Die Schwierigkeiten, die die Schriftsteller mit der Germanistik, mit der Literaturhistorik haben, liegen wohl auch darin, daß die Literaturhistoriker Literatur immer wieder zu etwas Bedeutendem erklären. Sie schlagen damit dem Schriftsteller jene Hintertüre zu, durch die Literatur nur gehen kann. Literatur ist darauf angewiesen, Unbedeutendes tun zu dürfen.«

Wer seine Poetikvorlesung so beginnt, mit solchen Vorbehalten, der hat es wohl kaum darauf abgesehen, der Germanistik sich und sein Werk als Forschungsgegenstand anzuempfehlen. Der will etwas anderes. Es fällt denn auch bald einmal auf, wie entschlossen Bichsel sich in seinen Vorlesungen unter jeglicher einschlägigen Begrifflichkeit wegduckt. Es ist, als wollte er so ganz nebenbei noch vorführen, daß über Literatur auch ohne Fachausdrücke gesprochen werden kann. Mit jener Wissenschaft, die ihn zu sich geladen hat als Dozenten auf Zeit, hat Bichsel nichts im Sinn, selbst polemisieren will er nicht.

Zu einer Polemik könnte es auch gar nicht so leicht kommen, denn Bichsel will zwar über Lesen und Erzählen sprechen, aber im Verlauf seiner Ausführungen schert er, nicht nur sprachlich, immer weiter aus dem engen »Zuständigkeitsbereich« der herkömmlichen Literaturwissenschaft aus. Er will etwas ganz anderes als diese.

»Der Leser. Das Erzählen«: das Nebeneinander der beiden Begriffe ist von Anfang an ein Programm. Wenn Bichsel vom Lesen spricht, von eigenen Leseerfahrungen, den frühen und den gegenwärtigen, dann tut er das nicht nur, weil er daran zeigen kann, was ihn zum Erzähler gemacht hat. Und wenn er vom Erzähler handelt, dann zielt er wiederum auf etwas, das er mit den ihm zuhörenden Leserinnen und Lesern gemeinsam hat – lesen und erzählen; die beiden Tätigkeiten versteht er als ein Stück Lebenspraxis. »Das Kind, das eine Geschichte erzählt haben will, das will ja vor allem erst mal erzählt haben. Der notwendige Inhalt ist der Träger der Erzählung; nicht die Erzählung ist der Träger des Inhalts. Er mag aktuell sein: Ängste und Klagen über Katastrophen, Ungerechtigkeit, Böses und

Gutes, und er kann auch pädagogisch sein. Aber das allein begründet diese eigenartige Erfindung der Menschen nicht: Geschichten, Geschichtenerzählen. [...] Geschichtenerzählen befaßt sich mit einer Selbstverständlichkeit: daß es Zeit gibt und daß wir unser Leben als Zeit erleben. Geschichtenerzählen ist Umgehen mit der Zeit, und daß wir unser Leben als Zeit erleben, hat damit zu tun, daß unser Leben endlich ist, und auch damit, daß das Leben unserer Freunde endlich ist.«

Lesen und Erzählen haben einen gemeinsamen Ursprung: in Geschichten versichert sich der Mensch seiner Existenz. Hier probiert er Möglichkeiten aus. »Während ich Geschichten erzähle, beschäftige ich mich nicht mit der Wahrheit, sondern mit den Möglichkeiten der Wahrheit. Solange es noch Geschichten gibt, solange gibt es noch Möglichkeiten.« Das heißt zugleich: Geschichten – oder deren Ausbleiben – können auch das Ende der Möglichkeiten anzeigen: »Einem Ehepaar, das in aller Freundschaft und Freundlichkeit kaum mehr zusammen spricht, fehlen nicht etwa die Inhalte, dem sind die Geschichten abhanden gekommen [...] Die Verliebtheit, die das Geschichtenerzählen möglich und nötig gemacht hat, war auch etwas Irreales und hat die Stimmung geschaffen für irreale Geschichten. Einen Geschichtenerzähler tötet man damit, daß man ihn auf Realität verpflichtet. Der Realitätsbezug ist dem Ernst des Erzählers zu überlassen.«

Der Umgang mit Geschichten, ob man sie nun liest, hört oder erzählt, avanciert damit zu einer gleichsam anthropologischen Konstante. Indem er dies herausstellt, betont der Poetik-Dozent Bichsel so ganz nebenbei auch die gemeinsamen Voraussetzungen, die er mit seinem Publikum teilt.

Der Begriff »Geschichte« überragt und erweitert, wenn er so verwendet wird, den herkömmlichen literarischen Gattungsbegriff. Wenn »Geschichten« und das Geschichtenerzählen verstanden werden als ein wichtiges, beinahe schon unentbehrliches Element der Lebenspraxis, dann könnte die Bedeutung der Literatur allerdings noch schnell einmal überschätzt werden. Wer nicht liest, hieße das unter anderem, ist abgeschnitten von einer lebenswichtigen Erfahrung. Bichsel beeilt sich indessen, allzu kühne Vorstellungen zu drosseln: »Die wenigsten Leute auch in unseren Breitengraden sind Leser. Leser sind etwas sehr Seltenes. Die Bedeutung der Literatur und die Umsätze des Buchhandels ergeben bestimmt und trotz allem ein falsches Bild.«

Die Erwartungen an die Literatur und deren Bedeutung müssen also bescheidener angesetzt werden. »Letztlich ist Literatur eine Spielform, die einigen, den Schreibern und Lesern, gefällt – eine Spielform, auf die man sich einlassen und die man genausogut verweigern kann.«

Was ist das nun, worauf sich einige einlassen? Was ist Literatur? Nach welchen Regeln funktioniert diese »Spielform«?

Die genauesten Auskünfte über die Spielform müßte ja im Grunde genommen die Literatur selber geben. Jedes Stück Literatur formuliert seine eigene Poetik – aber meist ohne diese vor sich herzutragen und vorzuzeigen. »Eine Geschichte«, sagt Bichsel, »ist immer auch eine Geschichte über eine Geschichte.« Es ist das Vertrackte, daß jede Geschichte ihren Lesern und Leserinnen dieselbe Falle stellt: Wo die Lesenden auf einen Inhalt zu stoßen glauben, haben sie es zunächst mit Wörtern zu tun, mit nichts als Sprache. »Sprache kann nie wiedergeben, was eigentlich ist, sie kann Realität nur beschreiben. Die Personenbeschreibung eines Augenzeugen zum Beispiel ist nicht etwa deshalb ungenau, weil er kein gewandter Augenzeuge ist. Der Augenzeuge kann ein noch so guter Beobachter sein, er wird mit Sprache den Täter nicht fixieren können.«

In der unterschwellig miterzählten »Geschichte über eine Geschichte« wird also die Erinnerung daran bewahrt, daß Geschichten immer auch »gemacht« sind, und zwar zu allererst aus Sprache. Die Sprache wiederum ist nicht bloßes Vehikel, sie bringt ihre eigenen Geschichten mit und ist nur beschränkt durchlässig für eine »Botschaft«. Das Bewußtsein, das einer von der Durchlässigkeit – und damit: Verläßlichkeit – eben dieser Sprache hat, kann mit über die Qualität seiner Geschichte entscheiden.

Bichsel verdeutlicht dies mit einer Gegenprobe: Die Trivialliteratur, sagt er, wolle von dieser anstrengenden Unterscheidung nichts wissen: »Wenn Joseph Conrad erzählt, wird der Leser entdecken, daß es dem Autor nicht einfach um Inhalt, sondern um die Reflexion, um das Erzählen und um die Methode des Erzählens geht. Im Gegensatz dazu betrügen Trivialautoren ihre Leser dadurch, daß sie nur Inhalte vermitteln. Der Leser lernt bei ihnen nur das Zuhören, das Erzählen lernt er nicht, weil in der Regel über das Erzählen gar nicht reflektiert wird.«

Erst die miterzählte Reflexion, die reflektierte Erzählweise macht in den Augen Bichsels die »ehrliche« Geschichte aus; die also, die den Leser und die Leserin über das Zuhören auch zu den eigenen Geschichten anstiften kann.

Was das nun aber ist, eine »Geschichte«, das haben wir von Bichsel bisher noch nicht erfahren. Einige Eigenschaften haben wir zwar kennengelernt, aber es kam uns hinterher jedesmal vor, als blieben sie immer so lange deutlich, als um sie herum noch die Spuren einer Geschichte zu sehen waren. Einmal trockengelegt, aus dem Zusammenhang entfernt, schien die Beschreibung der Eigenschaften nicht mehr auf Neues anwendbar zu sein. Es sah nun plötzlich so aus, als dürfe nur Bichsel an sein glänzendes Besteck. Also mußten wir ihm weiter zuhören.

An einem Beispiel aus den *Geschichten zur falschen Zeit*, einer Geschichte über einen Zeitgenossen, der sich für einen Schriftsteller hält und regelmäßig mit neuen Ankündigungen, sein noch ungeschriebenes Werk betreffend, aufwartet, verdeutlicht Bichsel seine Bestimmung der Geschichte. Die betreffende Geschichte, erklärt er, sei Wort für Wort wahr. Die gesprochenen Sätze, wenn auch aus der Mundart ins Schriftdeutsche übertragen, seien wortwörtlich wiedergegeben. Es sind Kleinigkeiten, durch welche die Geschichte sich von dem abhebt, was »wahr« ist – bis auf einen, entscheidenden Unterschied: »Ich habe nur *etwas* verändert: die Zeit. Meine Geschichte ist 7 ½ Minuten lang, und Noldi (die Hauptfigur der Geschichte, M. Z.) ist 50 Jahre alt. Das ist, ich habe es ausgerechnet, 3 Millionen und 504 Tausend mal mehr.« Und weiter:

»(. . .) damit, daß ich diesem Noldi eine Zeit gebe, eine Zeit von 7 ½ Minuten, damit gebe ich ihm eine Geschichte, und genau das – und nur das – unterscheidet ihn persönlich von meinem Geschriebenen. Er selbst hat keine Geschichte im Sinne von Geschichten. Er ist ein zeitloses Opfer. Wenn ich ihm eine Zeit gebe, dann wird er beachtenswert. Und die Umkehrung: wenn ich ihm keine Zeit gebe, dann ist er nicht beschreibbar. Die Zeit aber – das habe ich schon einmal gesagt – ist nicht vom Inhalt bestimmt, sondern vom Erzählen.«

Damit ist mehr angesprochen als bloß die formale Unterscheidung zwischen Erzählzeit und erzählter Zeit. Die »Zeitdifferenz« verweist hier auf die Rolle des Erzählers, der, indem er über Zeit verfügt, damit auch Sinn stiften kann; er kann der realen Zeit seine, in der Geschichte erfahrbare Zeit entgegensetzen. Indem die Geschichte nur von dem erzählt, was sich in ihrem Zeitrahmen unterbringen läßt. Die Geschichte setzt; sie verfährt nach ihren Bedürfnissen, sie fügt hinzu, läßt aus und tut dies nicht im aussichtslosen Bestreben, die »Wirklichkeit« abzubilden, sondern warnt auch davor, das Authentische schon für das Wahre zu halten. Trivialliteratur, könnte man entgegenhalten, arbeitet mit einer Überanwesenheit der Wirklichkeitsanspielungen, mit einem Zuviel der Bilder und Situationen und damit auch mit einem Zuviel an Zeit.

Die Setzung der Zeit scheint die »Gestaltungsmächtigkeit« des Erzählers zu unterstreichen. Leser, sagt Bichsel, »erwarten von der Literatur eine – wenn vielleicht auch nur illusionäre – Überwindung der Unmöglichkeiten des Lebens. Der Autor dagegen ist genau von dieser Unmöglichkeit, von der Diskrepanz Sprache – Realität, von der Unmöglichkeit des Beschreibens, von der Unmöglichkeit des Lebens fasziniert. Er beschreibt nicht Realitäten, er schreibt nicht ›Die Geschichte‹, sondern ›Geschichten‹.«

Die sinnstiftende Funktion von Geschichten; deren spezifischer Umgang mit Zeit; die Spannung zwischen Sprache und Realität und damit verbunden der Verzicht, auch nur versuchsweise eine von Plausibilität und Konsequenz zusammengehaltene Welt zu suggerieren: Den Überlegungen, die Bichsel

im Verlauf seiner Vorlesungen entwickelt, sind wir gerne gefolgt, immer mit Zustimmung – aber unsere voyeuristische
Erwartung, einen Blick in des Dichters Werkstatt werfen zu
dürfen, hat sich nicht erfüllt. Eine heilsame Verweigerung? Statt
seinen Werkzeugkasten zu öffnen und aus der Schule zu plau-
dern, hat uns Bichsel Geschichten erzählt: über Geschichten.

»Man kann auch [. . .] Geschichten erzählen, um nicht von
sich selbst sprechen zu müssen.«

Bichsel spricht aber auch von anderen Autoren. Vielleicht
möchte er lieber in deren Schutz etwas über sich selbst verraten?
Eine der Vorlesungen ist James Joyce gewidmet, und daß diese
ausgerechnet auf den 100. Geburtstag des Iren fällt, nutzt Bichsel zu einem längeren Exkurs über dessen Werk. In diesen
hineinverwoben, findet sich eine kleine Beinahe-Anekdote:
Bichsel meets Joyce, der Nachgeborene sucht die Grabstätte von
Joyce auf. Schnee liegt auf den Gräbern, und als der Suchende
auf gut Glück von einer Grabplatte den Schnee wischt, verletzt
er sich den Finger an der scharfen Kante eines Metallbuchsta-
bens – es ist der Name des Gesuchten. Was nun folgt, sind keine
ehrfürchtigen Auslassungen über den Verfasser des *Ulysses* und
von *Finnegans Wake*, im Gegenteil, Bichsel verschweigt nicht
seine Ratlosigkeit einem großen Teil des Werkes gegenüber.
Aber eine Geschichte, *Die Begegnung* aus den *Dublinern*, stellt
er näher vor. Die Geschichte handelt von einigen Jugendlichen,
die, von Indianergeschichten angeregt, es den Helden ihrer
Lieblingslektüre gleichtun wollen. Der Ich-Erzähler bekennt
seine Angst, in dieser Runde als Schwächling zu gelten. Hier
setzt Bichsel ein, indem er vergleichbare Erfahrungen aus seiner
Jugendzeit anführt, womit er die Lebensnähe des angeblich so
entrückten Autors belegt. Daß er sich zu den Schwächeren
schlägt und sich auch dazu bekennt, kann er damit wettmachen,
daß ihm dies wiederum eine Türe öffnet und er sich aus diesen
Spielen entfernen und eine eigene Geschichte erleben kann. Die
eigenen Geschichten schließen ihm »Türen auf zur Flucht«.

Es soll hier nicht so aussehen, als ob Bichsel eine Geschichte
von Joyce dadurch zu beglaubigen suchte, daß er die Gemein-
samkeit der Erfahrungen beider Autoren betont; die erwähnte

Geschichte ist nicht die Nagelprobe auf das Leben – die Geschichte bleibt eine Geschichte; aber daran kann Bichsel zeigen, wie wenig berechtigt die Scheu ist, die viele vor Joyce haben.

Auch Joyce erzählt unsere Geschichten.

Und er erzählt auch, warum jemand zum Erzähler werden kann: weil er ein »widerwilliger Indianer ist«. Der widerwillige Indianer muß sich seine eigenen Geschichten erzählen.

Im gleichen Atemzug wie Joyce wird auch Joseph Conrad genannt, und zwar mit großer Verehrung: »Ich verehre Joseph Conrad, er ist mir unter den Romanautoren der liebste (...).« An ihm rühmt Bichsel, daß er sich von seinen Figuren nicht entferne, sondern sich schreibend dem stelle, was seine Figuren umtreibe, sich sozusagen zu ihnen geselle – wohingegen Joyce sich mit Hilfe von Chiffrierungen ins Schreiben flüchte und rette. Wenn der Argumentation hier auch Unschärfe und damit Mißverständlichkeit droht, so fällt dennoch die Konsequenz auf, mit welcher Bichsel auf die sozusagen anthropologische Komponente des Erzählens und der Geschichten hinweist und diese immer wieder zum Gradmesser macht von literarischer Qualität.

85 Seiten lang sind wir ihm gefolgt, haben wir ihm lesend zugehört, immer gespannt, bis zuletzt, und wir sind ihm nie böse gewesen, daß er unsere seltsame Hoffnung nicht erfüllen mochte: unsere Hoffnung nämlich, er werde uns doch endlich mal erklären, warum wir ihn so gern lesen. Er hat uns statt dessen weitere Geschichten erzählt; es waren neue, nicht jene, die wir schon zu kennen glaubten und denen wir mit unseren Fragen aufgesessen sind. Und am Ende haben wir ganz im stillen und etwas beschämt die seltsamen Fragen vergessen wollen, die uns jene Wissenschaft eingeflüstert hat, welche die Literatur immer zu etwas Bedeutendem erklärt.

3
Außer in den Frankfurter Vorlesungen hat sich Bichsel verschiedentlich in Aufsätzen, Kommentaren und Nachworten zu

Autoren geäußert. Nachdem er in seinen Vorlesungen den platten Selbstkommentar verweigert und darauf bestanden hat, daß Literatur, auch die seine, das »Unbedeutende« tun dürfe, wird man in den Äußerungen zu fremden Werken natürlich nicht länger nach versteckten Selbstkommentaren suchen. Peter Bichsel entzieht sich uns auch hier.

Dabei ist doch bereits die Liste sehr aufschlußreich, die Liste jener Autoren (es sind immer Autoren, nie Autorinnen), über die sich Bichsel im Laufe der Jahre geäußert hat: Johann Peter Hebel, Max Frisch, Ludwig Hohl, Adolf Wölfli, Günter Eich, Nazim Hikmet, Friedrich Glauser, Heinrich Heine, Jean Paul, Robert Walser, Jan Erik Vold (um nur die wichtigsten zu nennen).

Über den Norweger Jan Erik Vold beispielsweise hat Bichsel in einem Nachwort geschrieben: »Volds Sätze sind eigentliche Geschichten. Was in ihnen geschieht, geschieht nicht nur in der Sprache selbst. Volds Thema ist das Dilemma, das Scheitern an jeder Kleinigkeit.« Und: »Seine Sätze stehen so da wie die Gegenstände, die er beschreibt. Sie sind gewöhnlich und selbstverständlich, erst nach langem Betrachten werden sie (die Gegenstände) einmalig und erstmalig.« Bichsel, so scheint es, ist hier ganz nahe daran, etwas über seine eigene Schreibweise zu verraten, vor allem über seine Milchmann-Geschichten. Aber er hält sich bedeckt, lenkt von sich ab, bleibt bei Vold, dessen Texte eine entfernte Ähnlichkeit haben mit seinen; die Differenzen reichen aus, nur von Volds Texten sprechen zu müssen. Das gilt auch dann, wenn Bichsel sich über Johann Peter Hebel äußern soll: eine Verwandtschaft zwischen den beiden mag es von ferne geben, aus der Nähe indes verrät Bichsel nichts über sich, wenn er über den andern spricht.

Zwei lange Aufsätze hat Bichsel Robert Walser und Jean Paul gewidmet, weitausholende Darstellungen, in denen die langjährige Auseinandersetzung mit den Autoren und deren Werk spürbar wird. Im Falle Robert Walsers versucht Bichsel, dessen Werk, vor allem den Roman *Geschwister Tanner*, gegen den gängigen Strich zu lesen, das heißt ohne dauernden Rückgriff auf die Biographie Walsers, die zu oft, weil sie Erklärungen verspricht, aufs Werk kopiert wird. Einerseits: »Wohl kaum ein anderes literarisches Werk von solch großem Umfang ist so autobiographisch wie das von Walser – Zeile für Zeile.« Anderseits: »Seine Biographie zu erwähnen, ist Hilflosigkeit. Wir wissen durch beides, durch Werk und Biographie, fast alles und verdammt wenig über ihn. Und genau das hat ihn zur Legende gemacht.« Die Biographie Walsers setzt Bichsel in diesem Dilemma nun ein als Mittel gegen die üblichen Versuche, alles Unverstandene umstandslos aus biographischen Daten heraus zu erklären. Bichsel notiert bei seinen Streifzügen durch das Werk eine Fülle von präzisen, klugen Beobachtungen, die er wie beiläufig, fast bonmothaft fallen läßt, die sich aber schnell zu komplexen Gedanken verklumpen. Bemerkungen etwa zum Gebrauch des Schweizerdeutschen als Rollensprache: »Walser hat vielleicht als erster Schweizer entdeckt, daß man als Schweizer das etwas fremde und pathetische Hochdeutsch als Rollensprache, als Kunstsprache verwenden kann, daß der im Hochdeutschen ungewohnte Schweizer gegenüber der Sprache im Vorteil ist – er kann sie bewußt behandeln. [...] Wäre Hochdeutsch seine Muttersprache gewesen, es hätte nie ein solcher Robert Walser entstehen können.« Überraschend ist auch die Bemerkung Bichsels, der Roman *Geschwister Tanner*, den Walser mit 28 Jahren geschrieben hat, sei »das Buch eines traurigen Dichters, eines Mannes, der schwer trägt, es ist – und das ist erschütternd – bereits das Buch eines alten Mannes, der versucht, über einen jungen zu schreiben.«

Zum dichterischen Werk von Adolf Wölfli hat sich Bichsel bisher zweimal geäußert, beide Male fasziniert. Auch hier versucht Bichsel, Werk und Biographie in einen wechselseitig erhellenden Bezug zu setzen, was natürlich anders ausfallen muß als bei Walser: Die Biographie, die Wölfli zum obsessiven Autor und Zeichner gemacht hat, hat ihn auch zum Insassen einer psychiatrischen Klinik gemacht. »Ich bin zwar dankbar für seine persönliche Biographie, nur sie allein machte den Dichter möglich, aber sie ist gleichzeitig schuld daran, daß man bei ihm vorschnell geneigt ist, in seinem Werk nur seine Biographie zu sehen«, schreibt er im Aufsatz *Alles und noch mehr*. Und weiter: »Wölfli schreibt keine Mundartgedichte, er ahmt Mundartgedichte nach, er schreibt keine Reisebeschreibung, er ahmt Reisebeschreibung nach, seine Literatur ist immer Nachahmung von Literatur, Nachahmung von Pathos, Nachahmung von Sentimentalität. Auch das unterscheidet ihn nicht von den etablierten Dichtern. Auch ihre Gedichte sind nur deshalb Gedichte, weil sie an Gedichte erinnern.«

Überraschende Entdeckungen, wie sie nur außerhalb der festgefahrenen Leserouten gemacht werden können. Es ließen sich Zitate gleich reihenweise addieren, präzise Funde, lebendige Reflexionen jenseits der eingerasteten Leseblickrichtungen. Über Ludwig Hohl etwa heißt es einmal: »Und was bei Kafka zu einer molekülähnlichen, kristallähnlichen Konstruktion wird, wird bei Hohl zur Verstrickung. Das Detail bringt ihn um. Der Moralist Hohl zeigt sich immer wieder in seiner zwanghaften Auseinandersetzung mit dem Detail. Ihm gelingt kein Weltbild, sein Weltbild mißlingt so, wie ein Leben mißlingt, wie jedes Leben mißlingt.«

4

Es sind schwer widerlegbare Sätze, die Bichsel jeweils findet, wenn er sein Interesse für die Autoren und deren Werk erklären will. Das heißt: im strengen Sinne erklären will er nichts, nichts begründen oder gar beurteilen; was er schreibt, sind immer Liebeserklärungen. Keine Gutachterprosa, keine Verlautbarungen über die Literatur schlechthin, keine Lehrsätze. Nicht einen Satz lang sollen die Autoren an irgendeine pauschale Meinung verraten werden. Daß er seine Liebe sehr gerne verschwiegen hätte, gesteht Bichsel in so gut wie jedem Aufsatz über Literatur: »Ich verehre Hohl und mag seine Verehrer nicht. Ich beanspruche ihn für mich selbst. Ich käme mir als lächerlicher Zwerg vor, wenn ich ihn verteidigen und propagieren müßte.« Oder: »Friedrich Glauser gehört ganz und gar nur mir selbst.« Oder: »Denn im Grunde genommen gehört Walser mir ganz allein.« So spricht kein PR-Agent der Literatur. Und trotzdem erzählt er seine Geschichten über Max

Frisch oder Nazim Hikmet, über Jean Paul oder Johann Peter Hebel jedesmal so, daß wir die Geschichten und ihre Helden mögen, und er erzählt auch so, daß wir dem Erzähler nicht zu nahe treten wollen. Das Geheimnis, das er wahrt, ist am Ende unsere Geschichte.

Peter Bichsel über Autoren:

Der große Untalentierte (über Ludwig Hohl) in: Sonntagsjournal, 3./ 4. 5. 1969.

Geographie (Adolf Wölfli) in: Adolf Wölfli, Kunstmuseum Bern, 1987.

Alles und noch mehr (Adolf Wölfli) in: Der Engel des Herrn im Küchenschurz. Über Adolf Wölfli, hg. von E. Spoerri, Frankfurt a. M. 1987.

Geschwister Tanner lesen (Robert Walser) in: Geschwister Tanner, Zürich 1983.

Erfreuen Sie sich Ihrer Freiheit, Madame! (Heinrich Heine) in: Freibeuter 7, 1981.

Wie ein stiller Anarchist (Günter Eich) in: *Über Günter Eich*, hg. von S. Müller-Hanpft, Frankfurt a. M. 1970.

Als uns Primo Randazzo ›Bin‹ befahl (Max Frisch) in: Begegnungen. Eine Festschrift für Max Frisch, Frankfurt a. M. 1981.

Jean Paul in: Nachwort zu Jean Paul »Leben des vergnügten Schulmeisterlein Maria Wutz in Auenthal«, Frankfurt a. M. 1984.

In einem Land, wo es keine Schriftsteller gibt (Friedrich Glauser) in: Friedrich Glauser, Mensch im Zwielicht (Nachwort), Darmstadt 1988 (SL 814).

Zu Nazim Hikmet: Nachwort zu Nazim Hikmet, Die Romantiker, Darmstadt 1988 (SL 787).

Zu Jan Erik Vold: Nachwort zu Jan Erik Vold, Von Zimmer zu Zimmer, Olten 1968.

Johann Peter Hebel in: Allmende 13, 1986 (Dankrede aus Anlaß der Verleihung des Hebel-Preises 1986).

Zu Goethe gibt es von Bichsel eine Variante auf die Geschichte »Die neue Melusine« aus Goethes Roman »Wilhelm Meisters Wanderjahre« (Zur Eröffnung der Huss'schen Universitätsbuchhandlung in Frankfurt am 25. August 1983), Sonderdruck, Frankfurt (Huss) o. J., und in: Neue Zürcher Zeitung, 10./11.11.1984 (siehe S. 128 in diesem Buch).

Er aber steht geduldig an der Pforte des 20. Jahrhunderts (Jean Paul), Rede zur Jean-Paul-Woche in Bayreuth am 2. Juni 1991 (siehe S. 136 in diesem Buch).

Peter Bichsel

Zur Eröffnung der Huss'schen Universitätsbuchhandlung in Frankfurt

am 25. August 1983
(unter Verwendung des Sprachmaterials
von Goethes »Die neue Melusine«
aus »Wilhelm Meisters Wanderjahre«)

> Indem kam von der anderen Seite des Saals ein Frauenzimmer mit einem Buch in den Händen, die ich sogleich für meine Frau erkannte.
> *Wilhelm Meisters Wanderjahre,*
> 3. Buch, 6. Kapitel

Hochverehrte Herren! Da mir bekannt ist, daß Sie vorläufige Reden und Einleitungen nicht besonders lieben, so will ich ohne weiteres versichern, daß ich diesmal vorzüglich gut zu bestehen hoffe. Von mir sind zwar schon gar manche wahrhafte Geschichten zu hoher und allseitiger Zufriedenheit ausgegangen, heute aber darf ich sagen, daß ich eine zu erzählen habe, welche die bisherigen weit übertrifft, und die, wiewohl sie mir schon vor einigen Jahren begegnet ist, mich noch immer in der Erinnerung unruhig macht, ja sogar eine endliche Entwicklung hoffen läßt –

so ein ehemaliger Frankfurter in der Einleitung zur Schilderung seiner Begegnung mit der neuen Melusine anläßlich seiner Wanderjahre. Jener Frankfurter nämlich, der nach eigener Aussage von jeher die Gewohnheit hatte, sobald er in ein Wirtshaus kam, sich nach der Wirtin oder auch nach der Köchin umzusehen und sich schmeichlerisch gegen sie zu bezeigen, wodurch seine Zeche meistens vermindert wurde.

Seine Geschichte von der neuen Melusine sei hier nicht wiedergegeben, aber ich muß gestehen, daß ich die Geschichte bereits kannte, als ich zum ersten Mal Frankfurt betrat und eigentlich hätte gewarnt sein sollen. Zudem waren mir die Warnungen meiner lieben Kollegin Johanna Spyri bekannt. Sie warnte mich eindringlich vor der Reise, erzählte von einem Heidi, das hier gelitten haben soll, von schrecklichen Frankfurter Damen, die Rottenmeier heißen.

Nun sei gestanden, daß ich meinen Lebenswandel nicht immer so eingerichtet, um der nächsten Zeit, ja des nächsten Tages ganz sicher zu sein. Nachdem mein Vater wegen der Linkshändigkeit seines einzigen Sohnes seinen kleinen Handwerkerbetrieb verkauft hatte und mir den Gewinn in die Taschen steckte, fand ich Freunde, ohne sie zu suchen. Ich war nicht gewohnt, ohne Gesellschaft zu leben; diese fand ich bald an Wirtstafeln und an öffentlichen Orten nach meinem Sinne. Mein Geld fing bei dieser Gelegenheit an zu schmelzen und meine schlechten Kumpane schlugen nun vor, Frankfurt zu besuchen, da finde eine Buchmesse statt, man bewirte dort großzügig und Essen und Trinken seien meist kostenlos. Kenntnisse des Alphabets seien nicht nötig zum Besuch, ja im Gegenteil, sie seien hinderlich, und niemand finde sich an dieser Buchmesse so richtig frei und froh, wie eben gerade der Analphabet. So hätte ich mich denn bei dieser Gelegenheit wohl lächerlich gemacht, hätte ich verkündet, daß gerade eben ich den dringlichen Wunsch verspüre, solche Bücher zu schreiben und gar ein Schriftsteller zu werden.

So kamen wir denn in jenem Frankfurt an, frisch aus dem Speisewagen, zogen singend in die Hallen, verloren in dieser Ecke einen und einen in der anderen, und plötzlich fand ich mich allein und verlassen und das Geld verlor ich gegen Abend völlig aus meinem Beutel.

Wohl nur, weil mir mein Schweizer Akzent einen exotischen Anstrich gab, wurde ich nun ab und zu gefragt, ob ich denn vielleicht ein Schriftsteller sei. Ich verneinte das anfänglich tapfer, beantwortete dann die Frage etwas ungenauer und wehrte mich gegen Abend nicht mehr gegen den Verdacht. Man fragte mich nach meinem Namen und tat so, wie wenn man ihn schon gehört hätte. Nun war ich also ein Schriftsteller und nahm mir auch vor, bei irgendeiner späteren Gelegenheit die Kenntnisse des Alphabets nachzuholen.

Und hier erst beginnt meine Geschichte, die das Studium des Alphabets später unnötig machte, eine Geschichte, die schwerlich ihresgleichen finden möchte.

Man gehörte hier jedenfalls schnell dazu, und mir war sehr bald so, als hätte ich nie in einer anderen Gesellschaft gelebt. Man hatte nur die Namen zu lernen, Unseld und Böhlich, Richter und Jens, Ranicki und Mayer.

»Mayer ist einfach«, sagte ich. »Sagen Sie das nicht«, sagte man mir, und so wurde mir jeder Name erklärt, und sie fielen so häufig, daß das Lernen leichtfiel, man lernte beim Dabeisein sozusagen, und der Schrecken, daß man sich als Analphabet blamieren könnte, war schnell vergessen, schon konnte man Bloch und Adorno, kannte H. C. Artmann persönlich, und man lernte auch die Haltung schnell, die man einzunehmen hatte, wenn Lukács erwähnt wurde. Nur ein einziger Name war anders als die andern. Wurde er ausgesprochen, dann hatte man so zu tun, als wie man die Person ganz persönlich kennen würde. Hätte ich da zugegeben, den Namen zum ersten Mal zu hören, ich hätte wohl die mir inzwischen liebe Gesellschaft gleich wieder verloren. Mir blieb nichts anderes übrig, als zu behaupten, ich kenne sie gut und seit Jahren, weil dieser eine Name nicht nur auf den Tisch gelegt wurde, sondern das hieß dann immer: »Wir waren bei der Frau Huss« oder »Wir gehen zur Frau Huss« oder – und das war wie eine Herausforderung für den Neuling: »Gehn Sie auch zur Frau Huss?« Und nach und nach bildete ich mir wirklich ein, diese Frau Huss zu kennen. Und ich wußte das damals noch nicht – nur jene, die Frau Huss nicht kennen, können sich einbilden, sie zu kennen.

Jedenfalls fürchtete ich mich. Da hatte ich jetzt jene anderen Namen so schön gelernt, und nun kam dieser weitere dazu, von dem ich ahnte, ja ahnen mußte, daß es nicht genügt, ihn nur zu lernen, wie wenn ich schon damals den Verdacht gehabt hätte, daß sie nun wirklich mit Büchern zu tun hat. Ich beschloß jedenfalls in meinem Herzen, diese Frau nie kennenlernen zu wollen und mich der Blamage des Analphabetismus nicht auszusetzen, mich vielmehr meiner Bildung gemäß an Ranicki, an Mayer und an Unseld zu halten.

Aber diese Namen waren schnell vergessen, als eine schöne Gestalt auf unseren fröhlichen Kreis zukam. Ihr liebenswürdiges Gesicht war, wenn man es näher betrachtete, mit einem kleinen Zug von Traurigkeit geschmückt. Es überraschte mich selbst, mich auf sie zugehen zu sehen, denn nichts war mir fremder als Galanterie, aber die neue Umgebung schien mich verändert zu haben, und erst als ich sie fragte, ob ich ihr in etwas dienen könnte, sah ich, daß sie ein großes Buch mitschleppte, und sie sagte: »O ja, wenn Sie mir mit Sorgfalt dieses Buch tragen wollen; aber ich bitte gar sehr, es recht stet zu tragen und im mindesten nicht zu bewegen oder zu rütteln.« Ich nahm das Buch mit Sorgfalt, wir stiegen zusammen die Treppe hoch, setzten uns dort in die Ecke einer Wirtschaft, bestellten Würstchen und Bier. Ich wagte nicht, sie nach ihrem Namen zu fragen, denn die Blicke, die uns folgten, sagten mir, daß man sie kennen müßte. Wie erschrak ich doch, als der Kellner sie mit »Frau Huss« ansprach, und ich verfluchte meinen Vorsatz, sie nie kennenlernen zu wollen, denn das Schicksal mag unsere Vorsätze meist nicht und prüft uns.

Ihre Unterhaltung war angenehm, doch suchte sie alles abzulehnen, was sich auf Neigung und Liebe bezog, und sie sprach – was ich erwartet hatte und wovor ich mich fürchtete – von Büchern. »Vergessen Sie die Namen und wenden Sie sich den Büchern zu«, sagte sie. »Ein Buch ist ein größeres Schrift- oder Druckwerk aus miteinander verbundenen Blättern oder Bogen, in neuerer Zeit meist aus Papier. Das Buch ist erst auf einer höheren Kulturstufe entstanden, es setzt Besitz der Schrift, eines geeigneten Beschreibstoffes und geistige Überlieferung voraus.« Eine eigenartige Rede einer zarten Frau, dachte ich, aber ich hörte ihr gebannt zu, und sie erklärte: »Ein Buch kann man abschreiben, drucken, verlegen, in Verlag nehmen, auflegen, neu auflegen, verkaufen, absetzen, versenden, verpacken, heften, durchs Leimwasser ziehen, binden, einbinden, verbinden, kaufen, sammeln, aufstellen, sichten, ordnen, verzeichnen, abstauben, ausklopfen, lesen, einsehen, aufschlagen, auftun, öffnen, fälschen, verbieten und wegnehmen – so haben das die Gebrüder Grimm in ihrem Wörterbuch festgehalten und so ist das geblieben bis heute, und auch Ihre fröhlichen Namenwisser werden daran nie etwas ändern und davon nie etwas verstehen. Dieses eine Buch aber, das ich Ihrer Sorgfalt anvertraute, dieses eine Buch gehört nicht auf die Buchmesse. Ich bitte Sie, es wegzutragen, es nicht aus den Augen zu lassen und es überall, wo Sie bleiben werden, sorgfältig zu verschließen. Dieses eine Buch, nur dieses eine, darf nie in die Hände der Buchmesseleute kommen, es ist das einzige wirkliche Buch«, und sie gab mir einen Beutel voller Geld und sagte, daß dies fürs erste Mal reichen sollte, und sie werde – wohin ich auch gehe – nachkommen.

Ich verließ die Buchmesse, fand eine Friedberger Landstraße und ging, stets das schwere Buch auf den Schultern, an der Friedberger Warte vorbei in Richtung Bergen, an der Oberpforte erlaubte ich mir ein Bier, aber es wurden mehrere, und es wurden auch wieder Freunde, und so saß ich bald da, vom Gelde entblößt, mit dem Ansehen eines reichen Mannes eine tüchtige Zeche erwartend, ungewiß, ob und wann meine Schöne sich wieder zeigen würde. Aber da öffnete sich die Tür, Frau Huss kam und bezahlte die Zeche, zog mich am Ärmel aus der Kneipe. Ich wagte kaum, sie anzusehen, doch gestand ich ihr aufrichtig und reuig meinen Fehler. – »Es ist zu verzeihen,« sagte sie, »nur verspätet Ihr leider Euer Glück und meines. Ihr müßt nun abermals eine Strecke in die Welt hineingehen, ehe wir uns wiedersehen. Hier ist noch mehr Geld. Hat Euch aber diesmal Bier und Schnaps in Verlegenheit gesetzt, so hütet Euch nun vor Wein und Weibern und laßt mich auf ein fröhliches Wiedersehn hoffen.« Es mag meine Trunkenheit gewesen sein – ich sah sie wegschweben und sie löste sich auf in Luft. So nahm ich denn den Weg nach Fulda unter meine Füsse, hatte mir der Schneider von Bergen doch mitgeteilt, daß alle Wege über Fulda gehen.

Gar zu gerne hätte ich doch gewußt, was es mit dem schweren Buch, das ich zu tragen und zu hüten hatte, auf sich hätte. Ich wagte es nicht zu öffnen, denn wenn dieses einzige Buch kein Buch für die Leute der Buchmesse sein sollte, wie sollte es denn ein Buch für mich sein? Die Warnungen der Frau Huss waren allerdings nicht grundlos, und schon am dritten Tag war ich bald wieder ohne Geld. Nun fiel mir ein, daß mir niemand verboten hatte, in das Buch zu schauen. Es lag auf dem Tisch neben dem Bett, ich war abgestiegen in einer billigen Herberge. Ich schlich mich also zu dem Buch, bückte mich und versuchte, durch den Schnitt in die Seiten zu blicken, ohne es zu berühren. Nach ein paar weiteren Zügen aus meiner Flasche wurde ich mutiger, ging auf das Buch zu und öffnete es. Ich hatte zwei weiße Seiten aufgeschlagen, nun begann ich zu blättern, aber die Seiten blieben weiß, nur weiße Seiten.

Ich dachte, daß sich hier jemand – Frau Huss nämlich – einen Scherz mit mir leiste, und ich ward recht ungehalten. Trotzdem sehnte ich mich doppelt nach ihr und glaubte nun gar nicht mehr, ohne sie und ihr Geld leben zu können.

Am andern Morgen saß sie unten beim Frühstück. Sie erklärte, daß inzwischen die Buchmesse und damit auch das Schlimmste vorbei sei. Sie versprach nun, mit mir weiterzureisen, und bald saßen wir nebeneinander in der Eisenbahn, das Buch uns gegenüber auf dem leeren Platz. Ich wagte ihr nicht mitzuteilen, daß ich und was ich gesehen hatte, aber sie begann wieder eine ihrer eigenartigen Reden, und sie sprach in einem ganz anderen und eigentlicheren Sinne wie ein Buch: »Das Arbeitsgebiet der Buchhändler ist das Verbreiten geistiger Erzeugnisse, die durch mechanische Vervielfältigung zur Handelsware geworden sind. Der Beruf ist für Frauen günstig. Ihr Ärger aber über die weißen Seiten unseres Buches ist unbegründet. Für dieses eine Buch leb' ich, ich meine, für dieses eine Buch bin ich unter die Lebenden gekommen, unter die, die ihr hier Lebende nennt. Ich bin nach meiner Ehe mit Raymond von Poitiers nicht wirklich zurückgekehrt zu meinen Leuten. Ich konnte nicht zurückkehren, bevor die Sache mit dem Buch geregelt war, denn nur dieses eine Buch, dieses weiße ist wichtig. Es ist noch nicht geschrieben, es kann also noch geschrieben werden, und ich betreibe den Buchhandel nur deshalb, damit die bedruckten Bücher ihre Käufer finden und neuer

Platz entsteht für die noch ungedruckten, für die noch ungeschriebenen. Diese ungeschriebenen Bücher aber vertragen den Handel, vertragen all die Namen und vertragen die Buchmesse nicht.«

Wir stiegen irgendwo aus. Ich achtete nicht einmal auf das Schild des Bahnhofs, ich kümmerte mich nicht um den Namen der Herberge. Ich schleppte das Buch, und ich hatte mich um alles andere nicht zu kümmern. Abends fanden wir uns in einer fröhlichen Gesellschaft wieder. Sie spielte herrlich die Laute und sang dazu, und die gesellige Nacht mußte durch ihr Talent gekrönt werden. Ich will nur gestehen, daß ich mir aus der Musik nie viel habe machen können, und Gesang hat auf mich vielmehr eine unangenehme Wirkung. Ich sprach dem Wein zu, versuchte mit Lautstärke, die holde Weiblichkeit am Tisch zu beeindrucken, kam bald ins Jammern und dann ins Schimpfen und rief aus: »Wasser ist für Nixen, und was will dieser Zwerg hier – und laß mich doch in Ruhe mit diesem blöden König Eckwald.«

Am anderen Morgen schämte ich mich sehr und wagte sie nicht anzuschauen, aber sie blieb sanft und sagte: »Nun werde ich Ihnen das Buch wieder abnehmen, und wir werden uns wohl nun für sehr lange Zeit nicht mehr sehen. Ich geh jetzt.«

Und nur, weil mir das Schicksal des Grafen von Poitiers bekannt war und weil ich die Geschichte von Goethe gelesen hatte, verzichtete ich schweren Herzens darauf, sie zu bitten, mit ihr gehen zu dürfen; und andere Worte als die, die ich bei Goethe gelesen, fehlten mir.

Sie bemerkte meine Verlegenheit, drehte sich noch einmal um und sagte, wohl nur um den Abschied zu besänftigen: »Vergessen Sie Ihr weißes Buch nicht, jeder hat sein eigenes weißes Buch zu finden, und denken Sie daran, daß der Umgang mit dem weißen Buch nicht ungefährlich ist.«

Ich glaubte gehört zu haben, daß sie noch sagte im Weggehen: »Vielleicht komme ich irgend einmal zurück,« und ich rief ihr nach: »Ich werde warten.«

Und ich habe auf sie gewartet, und ich habe später auch versucht, sie zu vergessen, ich habe mich nicht immer allzusehr um das weiße Buch gekümmert und den Wein vorgezogen, ich habe weiterhin meinen Lebenswandel nicht immer so eingerichtet, um der nächsten Zeit, ja des nächsten Tages ganz sicher zu sein, und ich fand mich oft in mancher Verlegenheit.

Jetzt ist sie doch noch mal zurückgekommen.

Wir sollten erschrecken darüber, aber wir freuen uns.

Meine Damen, meine Herren, Sie haben heute diese Buchhandlung aus freiem Willen und freiem Entschluß betreten. Niemand hat Sie dazu gezwungen. Sie haben damit das Reich der Melusine Huss betreten. Es wird nicht leicht sein, es je wieder zu verlassen. Wer den Büchern verfällt, der verfällt den Nixen und hat es nicht immer leicht mit den wirklich Lebenden.

Ich wünsche Ihnen aber in diesem Reich viel Vergnügen, Frau Huss wird Ihnen das leichtmachen, sie ist liebenswert wie ihre Bücher, und sie ist – meine Geschichte beweist das – nicht ungefährlich, wie die Bücher, mit denen man sich einläßt, wie die Bücher, die Frau Huss hier verkauft, um endlich Platz zu schaffen für das einzige Buch, das ihr am Herzen liegt, das weiße, das ungeschriebene.

Peter Bichsel

Er aber steht geduldig an der Pforte des zwanzigsten Jahrhunderts

Rede zur Jean-Paul-Woche in Bayreuth
am 2. Juni 1991

Meine Damen, meine Herren,
Sehr geehrter Herr Oberbürgermeister,

und ich hätte jetzt wohl noch viele zu begrüßen und
zu benennen,
aber machen wir es kurz
liebe Legationsrätinnen und liebe Legationsräte,

wer einen Titel beansprucht, soll sich doch heute mit dem Titel Legationsrat begnügen, es war der Titel jenes Johann Paul Friedrich Richter, den wir heute wieder einmal feiern wollen.

An Feiern hat es ihm nie gefehlt – zeit seines Lebens nicht und auch nach seinem Tode nicht – er wurde von Heidelberger Studenten durch die Stadt getragen, der Herr Ehrendoktor. Er wurde von Herder unter Tränen umarmt, der junge Jean Paul. Er wurde verehrt von Fürstinnen und Prinzessinnen – der arme, der schwierige, der leidende Jean Paul, und er hat in dieser Stadt Bayreuth und von dieser Stadt ein Begräbnis bekommen, wie die Frau Rollwenzel sagte: »Wie ein Markgraf, mit Fackeln und Wagen, und ein Zug von Menschen hintendrein, man kanns nicht erzählen.«

Günter de Bruyn – der wunderbare Biograph und Leser von Jean Paul, ich bin ihm für vieles dankbar – schildert das so: »Drei Tage später tut die Stadt so, als hätte sie es immer schon für eine Ehre gehalten, einen solchen Mann in ihren Mauern zu haben. Man feiert den Schriftsteller sehr, als man ihn zu Grabe trägt. Der beste Dichter ist der tote Dichter. Alle Glocken der Stadt läuten. Langsam bewegt sich der pompöse Leichenzug von der Wohnung durch die Straßen Bayreuths zum Friedhof hinaus. Fackeln, Laternen und Pechpfannen werden von Gymnasiasten getragen. Dem Zuge voran schreitet der Kantor mit den Armenschülern und den Musikanten. Es folgen die Volksschüler, von denen zwei die ›Levana‹ tragen, dann die Gymnasiasten mit der ›Vorschule der Aesthetik‹ und der ›Unsichtbaren Loge‹. Der Leichenwagen wird von vier schwarzbehangenen Pferden gezogen und von zehn Lehrern begleitet. Auf dem Sarg liegt in rotem Einband die ›Selina‹, von einem Lorbeerkranz umgeben. Hinter den Familienangehörigen folgen die Vertreter von Stadt, Staat und Militär.«

Eine Beschreibung von einer Feier verkommt immer zur Parodie, und schon sind wir wieder dabei zu feiern, und mir sitzt der bitterböse Spott von Jean Paul im Nacken, der bittersanfte Spott auch und der bitterliebe.

Ich bin ihn gewohnt, seinen Spott, er hat mich in seinem Werk immer wieder verspottet, ausgelacht, sanft beschimpft, und es hat mir immer irgendwie »sanft getan«.

Ich bin gern sein Leser, und ich lasse mich von ihm gern verspotten. Er streichelt mir lächelnd über den Kopf und flüstert mir ins Ohr: »Weißt Du eigentlich, daß auch Du ein Spießer bist?«

Er selbst soll, wie ein Zeigenosse behauptete, ein Philister gewesen sein – auch das läßt mich seinen Spott ertragen.

Hätte er unsere Feier erlebt, er hätte seine Feder Gift und Galle schreiben lassen – und wohl ganz nebenbei seinem Freund Christian Otto in einem Briefchen mitgeteilt, er sei gefeiert worden.

Er selbst hat meines Wissens nie irgendwo eine Rede gehalten, kein Denkmal eingeweiht, keine pathetischen Worte an Gräbern gesprochen.

Aber kaum ein anderer – kaum ein Politiker – hat in seinem Leben so viele Reden geschrieben wie Jean Paul – das Deckmäntelchen der Rolle war ihm immer wieder lieb, das ganze Pathos der deutschen Sprache auszuschöpfen:

»Betrübte Trauerversammlung!

Nun haben wir unseren Landesmagen verloren, hier liegt sein kalter Rest auf der Bahre hingestreckt. Er, der sonst für uns arbeitete und sorgte, wenn wir schliefen, ruht endlich aus von seiner Bewegung, welche so peristaltisch war. Wir wollen über das Staatsglied, das wir hier zur Ruhe bestatten, zugleich die allgemeinsten und besondersten Betrachtungen durcheinanderwerfen.«

So weit Jean Paul – und in diesem Falle über die ganz gewöhnliche Tatsache, daß mitunter Fürsten mehrteilig begraben wurden, das Herz in der einen Gruft, der Körper in einer anderen, und irgendwo vielleicht auch der Magen.

Ironie ist das nicht – es ist nur der bösartige Versuch, den realen Unsinn ernst zu nehmen, mit dem Unsinn Sinn zu betreiben – und das mögliche Dissertationsthema »Ironie bei Jean Paul« könnte wohl mit dem Satz »ja, schon« vortrefflich abgehandelt werden und ohne Blamage mit »summa cum laude« bewertet werden.

Ich aber werde hier – und niemand hat es von mir verlangt oder gar befohlen – besonnen und verantwortlich zu sprechen haben.

Das trennt mich zum vornherein von Jean Paul, und ich beneide ihn um nichts so sehr wie um seine Unverantwortlichkeit, seine gemütliche, geruhsame Unbesonnenheit – um seine Verleger, die sich das bieten ließen, und um seine zeitgenössischen Leserinnen und Leser, die bereit waren, sich solche Dinge zu Gemüte zu führen.

Ich aber werde verantwortlich zu sprechen haben.

Ich nehme an, daß einige oder viele Jean-Paul-Kenner, -Kennerinnen hier versammelt sind, Jean-Paul-LeserInnen auch, und sie wissen wohl alle, wie schwer es sein kann, mit etwas, das man liebt, ins Examen gehen zu müssen.

Daß ich mich vor den gestrengen Examinator stelle und sage: »Ich liebe Jean Paul«, oder gar sage: »Gerade, weil ich ihn nicht verstehe, liebe ich ihn«, oder »Ich bitte Sie darum, mir das Vergnügen des Nichtverstehens zu lassen«, das genügt selbstverständlicherweise nicht.

Aber jene, die schon mal damit zu tun hatten, können vielleicht ermessen, wie verzweifelt ich in den letzten Wochen in seiner Biographie herumgeschnüffelt habe, in seinen Büchern, in seinen Liebschaften, in seinen Pudeln und Kanarienvögeln – ich hatte wieder zu lernen wie ein Musterschüler, denn auch ein guter Schüler – und ganz besonders ein guter Schüler – kann sich die Freiheit des Irrtums nicht leisten.

Ich mag seine Biographie, und ich schätze seine Biographen – Ortheil, Berend, de Bruyn und viele andere – ich bin sonst kein leidenschaftlicher Leser von Sekundärliteratur – sie ist mir ab und zu ein Grauen – bei der Sekundärliteratur über Jean Paul mache ich gern eine Ausnahme – da es wenige Jean-Paul-Leser gibt, sind mir alle Jean-Paul-LeserInnen als Mitleser lieb – schon nur eine oder einen zu treffen, macht mir Lesen und Leben lebenswert.

Ich mag seine Biographie – aber ich finde mich bei allem Bemühen in ihr nicht zurecht.

Ich weiß, daß er in der Nacht auf den 21. März geboren ist. Die genaue Jahreszahl müßte ich nachschlagen. Ich weiß die genaue Jahreszahl seines Todes, 1825. Er war, das weiß ich, etwa um 60 herum. In Bayreuth ist er gestorben.

Nachschlagen müßte ich auch irgendwo, ob er – Jean Paul – je einmal in Coburg gelebt hat, geboren ist er in Wunsiedel – ein schöner Name – im Fichtelgebirge, auch das klingt schön. Ich würde ungern hingehen, ich stelle es mir so schön vor – so schön, wie sich Jean Paul das Kampanertal vorgestellt hat, wo ich und auch er noch nie waren – oder die wundersame, verklärte Petersinsel Jean Jacques Rousseaus, wo ich leider war – hätte ich schon vorher Jean Paul gelesen, ich hätte wohl auch das gelassen.

Bayreuth, so scheint mir, kann ich mir leisten. Jean Paul hat es literarisch eher in Ruhe gelassen – und wenn ich zu Hause sage, ich ginge nach Bayreuth, komme ich ohnehin in den Verdacht, einen anderen zu verehren – warum nicht – Verstek-kenspiel ist mir so lieb wie dem Jean Paul.

Zu Hause bin ich ganz in der Nähe dieser Petersinsel, und hätte ich hier nicht verantwortlich zu sprechen, ich würde gern hier zu handen der Biographen jene Begegnung zwischen Jean Jacques Rousseau, Robert Walser und Jean Paul auf eben dieser Insel im Bielersee wiedergeben – sie enttäuschten sich menschlich gegenseitig so, daß es ihnen leicht fiel, sich literarisch zu verstehen.

Unser großer Schweizer Romancier – Jean-Paul-Leser und Jean-Paul-Schüler, leider ein Verantwortlicher – nämlich Jeremias Gotthelf, behauptete, verhindert gewesen zu sein, in Wirklichkeit hatte er konservativ-politische Bedenken.

Lassen wir das, aber die Frage, ob Jean Paul je in Coburg gewesen sei, bleibt.

Ja, das habe ich nachgeschlagen – er hat wirklich kurz in Coburg gelebt, und Robert Walser – der Mann vom Bielersee – täuschte sich nicht, als er 1925 – anläßlich des hundertsten Todestages – in der »Prager Presse« schrieb: »Zeitweise lebte er in Hof, und so viel mir bewußt ist, auch in Coburg, und er muß ein unglaublich guter Charakter gewesen sein, ich glaube das steif und fest.«

Das ist holprig und hölzern und unbeholfen, was Robert Walser da zusammengestiefelt hat – aber es ist rührend und berührend – daß man das darf, zusammenstiefeln, daß man das darf, irgendetwas schreiben, das hat Walser bei Jean Paul gelernt, auch er wie Jean Paul ein besessener Leser.

Es waren die Autoren seiner Zeit, die Jean Paul gelesen haben, die Kollegen haben ihn zu Lebzeiten berühmt gemacht. Und er ist wohl bis heute ein Autor der Autoren geblieben, aber die Literatur hat einen anderen Weg genommen – den Weg in die Verantwortlichkeit. Robert Walser scheint mir denn auch der letzte gewesen zu sein, der es noch einmal versuchte – den Mut hatte, sich zu blamieren.

Die Klage ist bekannt – Jean Paul, ein hochberühmter Mann ohne Leser. De Bruyn schreibt, daß »die literarisch Interessierten seine Bücher zwar nicht lesen, aber doch ein schlechtes Gewissen dabei haben.« Die Frage ist nicht, ob er schwer zu lesen ist – wer bereit ist, das Wunder zu erleben, nicht zu verstehen, dem wird die Lektüre leicht fallen. Die Frage ist nur, ob LeserInnen bereit sind, Zeit nutzlos zu verplempern, sich hinzusetzen und einem zuzuhören, der von nichts anderem zu erzählen hat als von dem, was wir alle kennen, von diesem Leben.

Das wird denn auch der Grund sein, daß er mehr Beschreiber und Interpreten hat als Leser. Eine wissenschaftliche Arbeit schreiben, eine Dissertation, ist immerhin nützlich und kann Nutzen bringen. Sich als privater Leser mit Jean Paul zu beschäftigen ist nutzlos, ist eine gefährliche Droge, ein wunderbares Gift.

»Man kann«, schreibt Robert Walser, »irgendeines seiner Bücher, vor allem die Flegeljahre, im Tiergarten zu Berlin lesen, man kann dieses reiche Buch nach Japan mitnehmen oder auf eine Schweizerreise. Das Buch liest sich auf der Petersinsel im Bielersee so angenehm wie auf der Estrade eines Omnibusses in London, denn es ist ein Buch voll Welt, voll Leben, es kleinstädtelt und großstädtelt darin so lustig durcheinander.«

Robert Walser war so wenig in London oder Japan wie Jean Paul im Kampanertal oder auf der Petersinsel, in Paris oder Rom.

Ich selbst habe *Quintus Fixlein* unter einer Palme in Assuan am Nil gelesen, ein eigenartiges, nicht beschreibbares Erlebnis – ja, so ist es, man kann ihn auch auf der Estrade eines Omnibusses in London lesen –, denn nichts war dem Provinzler Jean Paul selbstverständlicher als Welt, Welt war für ihn ein riesiges Angebot von Wissen – er kannte den Nil besser als alle, die ihn gesehen haben.

»Und abends mußte der gute Mann«, nämlich Wutz, »nach dem Abendessen noch um den Südpol rudern und konnte auf seiner Cookischen Reise kaum drei gescheite Worte zum Sohne nach Deutschland hinaufreden. Denn da unser Enzyklopädist nie das innere Afrika... betreten... so hatt' er desto mehr Zeit und Fähigkeit, reichhaltige Reisebeschreibungen zu liefern.«

Das erinnert mich an meinen lieben Großvater, ein frommer Weber, der sein ganzes Leben in einer kleinen Gegend verbrachte. Und es war seine Frömmigkeit, die ihn antrieb, sich für Welt zu interessieren – Geographie, er hatte Atlanten und Karten und abstruse Bücher über alles in dieser Welt – und es wäre ihm nie eingefallen, daß er – weil er nicht reiste – diese Welt hätte verpaßt haben können. Nein, er kannte New York, und er kannte Afrika. Wie schäbig ist, gemessen an dem, unser Tourismus.

Und noch einmal Robert Walser über die *Flegeljahre*: »Die Straßen wimmeln von Damen, Lakaien und Karossen; zu allem dem kommt er noch in ein himmlisches Mansärdchen hinaufzuwohnen, wo er zusammen mit Vult dichtet, indem beide Brüder die längsten Gespräche führen, wobei kostbare Zeit verlorengeht. Vult ist Weltmann; sein schönes, stolzes, glühend kaltes Herz ist ein wahres orangenhainumgoldetes Marmarameer, und da leben sie nun gemeinsam und reden von Zeit zu Zeit wie Narren, sie haben beständig liebend zu zanken, und nun macht sich allgemach bemerkbar die schönste Generalstochter, die man sich denken kann; sie heißt Wina, und das ist ja ein ganz gottvoller Name, der all ihre junge Weiblichkeit illustriert.«

Ich entschuldige mich für das lange Zitat – aber nachdem ich selbst den Mut und den Übermut nicht finde, so über Jean Paul zu reden, muß es eben Robert Walser für mich tun – auch er, wie Jean Paul, ein erfolglos Erfolgreicher, auch er ein durchaus germanistischer Gegenstand – inzwischen, auch er dauernd auf dem viel zu kurzen Sprung, eine Renaissance zu erleben.

»Wir wollen trauern um ihn, den wir verloren, und um die andern, die ihn nicht verloren. Nicht allen hat er gelebt! Aber eine Zeit wird kommen, da wird er allen geboren, und alle werden ihn beweinen«, so prophezeite Ludwig Börne in seiner Totenrede auf Jean Paul in Frankfurt, am 2. Dezember 1825.

Nicht allen hat er gelebt – nicht allen lebt er bis heute. Den wenigen aber, die seine Leser sind, lebt er heute noch. Es altertümelt zwar sehr in seinen Werken – und ich habe auch den Verdacht, daß es das schon zu seinen Lebzeiten tat – trotzdem, wenige tote Autoren sind mir so lebendig geblieben wie Jean Paul. Wer so irrt wie er, wer so daneben haut, wer so seinen Marotten frönt, gerecht und ungerecht ist im selben Atemzug, der ist nicht eingegangen in den Olymp, der taugt nicht zum Klassiker – vielleicht ist es das, was jede Jean-Paul-Renaissance verhindert. Er ist noch lebendig genug – und vermag immer noch zu ärgern, zu langweilen und zu belästigen.

Er selbst hat immer wieder von seinen Lesern gesprochen –

und er stellte sich seine Leser als kleine, verschworene Gruppe von Zuhörern vor: »Jetzt aber, meine Freunde, müssen vor allem die Stühle um den Ofen, der Schanktisch mit dem Trinkwasser an unsere Knie gerückt und die Vorhänge zugezogen und die Schlafmützen aufgesetzt werden«, sagt er im *Wutz*, und er denkt nicht an Leser, sondern an Zuhörer – an solche, die sich etwas erzählen lassen wollen.

Viel später – hier in Bayreuth – schreibt er im *Katzenberger*, ich liebe dieses Buch und möchte es auch den germanistischen Interpreten ans Herz legen, Resignation ist nicht die schlechteste Attitüde eines Autors, im *Katzenberger* schreibt er:

»Von jetzt an wird sich die Masse meiner Leser in zwei Parteien spalten: die eine wird zugleich mich und die andere und diesen Druckbogen verlassen, um auf dem letzten nachzusehen, wie die Sachen ablaufen; es sind dies die Kehrausleser, die Jüngstentag-Wähler, welche an Geschichten, wie an Fröschen, nur den Hinterteil verspeisen [...] Sie mögen denn reisen, diese Epilogiker. Was hier bei mir bleibt – die zweite Partei – dies sind eben meine Leute, Personen von einer gewissen Denkart, die ich am langen Seile der Liebe hinter mir nachziehe.«

Ein Autor der Verschworenen, der Eingeschworenen. Ein subversiver Autor vielleicht, der mit seinen Lesern Dinge anstellen könnte, die keinem Machthaber – auch nicht einem demokratisch gewählten – lieb wären. Ein Verführer – das lange Seil der Liebe – aber kein Demagoge; wer bereit ist, die Schlafmütze aufzusetzen, tut es freiwillig.

Die Rede von Börne ist wunderschön. Man wird Jean Paul nicht feiern können, ohne ihn zu zitieren – eine pathetische Rede, eine kitschige vielleicht. Tausende sollen sie damals auswendig gelernt haben:

»Ein Stern ist untergegangen, und das Auge dieses Jahrhunderts wird sich schließen, bevor er wieder erscheint; denn in weiten Bahnen zieht der leuchtende Genius, und erst späte Enkel heißen freudig willkommen, von dem trauernde Väter einst weinend geschieden.«

Inzwischen schließt sich schon bald das Auge unseres Jahrhunderts, und die späten Enkel haben Jean Paul immer noch nicht entdeckt.

Eigenartig – die Hoffnung des frühen 19. Jahrhunderts auf dieses 20. Jahrhundert. Es ist inzwischen das einzige, was uns geblieben ist. Weil vor bald zweihundert Jahren tapfere Einzelgänger, Autoren, Philosophen, Girondisten und Liberale und Kommunisten auf dieses Jahrhundert hofften, haben wir immer noch den Eindruck, es sei einigermaßen ein besseres gewesen – immerhin Demokratie, immerhin ein bißchen soziale Marktwirtschaft, immerhin ein bißchen mehr Bildung für alle, immerhin ein bißchen mehr Altersheime und Jugendzentren – immerhin, ich meine das positiv –, aber das 20. Jahrhundert – gemessen an den berechtigten Hoffnungen – ist uns allen gründlich mißlungen – wir stehen nicht etwa vor einem Scherbenhaufen, sondern hinter einem Scherbenhaufen, dem großen und gräßlichen Scherbenhaufen des 20. Jahrhunderts.

Keiner mehr ist unter uns, der mit so viel Zuversicht, mit so viel Hoffnungen sich auf das 21. Jahrhundert freuen würde, wie damals ein Börne, ein Jean Paul, ein Heinrich Heine von unserem 20. Jahrhundert geträumt haben, das ein Jahrhundert der Aufklärung hätte werden können – einmal, irgend einmal, in vielen, vielen Jahren, muß die Saat der Aufklärung – oder die Saat der verträumten und rebellischen Romantik – doch aufgehen. Die vielen, vielen Jahre sind vorbei. Heine hat es nicht erlebt, Jean Paul hat es nicht erlebt – aber wir, wir stehen hinter einem Scherbenhaufen.

»Er aber«, sagte Börne in seiner Rede, »steht geduldig an der Pforte des zwanzigsten Jahrhunderts und wartet lächelnd, bis ein schleichend Volk ihm nachkomme.«

Ich hätte gern in einem Jahrhundert gelebt, das zum mindesten noch auf ein nächstes Jahrhundert gehofft hätte – vielleicht kommt es doch, das 21. Jahrhundert –, aber wer ist bereit, es freudig zu begrüßen?

So wird mir sein Denkmal – das wir heute zum zweiten Mal einweihten – auch zum Mahnmal dafür, daß es Leute gab –

einmal, auf dieser Welt, in diesem Europa –, die sich späte Enkel vorstellen konnten, und dies, weil ihr eigenes Verhältnis zu ihrer eigenen Welt, Interesse war und nicht nur egoistische Angst.

Sie hielten den Unsinn von maßlosem Wirtschaftswachstum für eine Krankheit *ihrer* Zeit – ihres frühen 19. Jahrhunderts –, und sie trauten einer gescheiteren Welt zu, besser zu sein. Die Vorstellung, daß wir in einer noch dümmeren, noch wahnsinnigeren Welt leben könnten, war ihnen fremd.

Ich weiß nicht, ob ich vor zwanzig, dreißig Jahren fähig gewesen wäre, Jean Paul als politisch zu verstehen – mein technischer Fortschrittsglaube war wohl damals noch zu groß, und als Ostermarschierer habe ich damals noch für die friedliche Verwendung der Atomtechnik demonstriert. Ich hätte damals Jean Pauls Warnungen wohl als provinziell, als romantisch-idyllisch abgetan – inzwischen weiß ich, daß er ein Wissender war – seine *Levana*, seine Erziehungslehre, ist ein sehr modernes Buch geworden, in wenigem unserer Zeit hintendrein – in vielem ihr immer noch voraus:

»Fürchtet keine Unverständlichkeit, sogar ganzer Sätze; eure Miene und euer Akzent und der ahnende Drang, zu verstehen, hellet die eine Hälfte, und mit dieser und der Zeit die andere auf [...] Vertrauet auf die Entzifferkanzelei der Zeit und des Zusammenhangs.«

Wieviel Ehrfurcht vor Schülern steckt in einem solchen Satz. Vertrauen – das Vertrauen darauf, verstanden zu werden. Jean-Paul-Schüler, nämlich Jean-Paul-Leser, wissen, wie ernst er seine Leser nimmt, wie geduldig er als Erzähler ist und geduldig auf geduldige Leser vertraut.

Vertrauen ist das Wort von Jean Paul, Vertrauen, tiefes Vertrauen in Menschen.

Oder: »Je verdorbener das Zeitalter, desto mehr Verachtung der Weiber. Je mehr Sklaverei der Regierungsform oder -unform, desto mehr wurden jene zu Mägden der Knechte.«

Man wirft ihm gern vor, dem großen Pädagogen Jean Paul – der nur nicht zu den großen Pädagogen zählt, weil er ungelesen blieb –, er sei etwas altväterisch in seiner Vorstellung von getrennter Erziehung von Mädchen und Knaben – aber jener Jean Paul kommt auf den Satz »desto mehr wurden jene zu Mägden der Knechte.« Emanzipation als Maßstab einer Regierungsform. Noch sind wohl viele Demokratien keine, nimmt man die Maßstäbe Jean Pauls – ich meine auch die Schweiz.

Aber auch seine Maßstäbe sind geduldig vorgetragen – nicht für heute, nicht für morgen gedacht – nein, vielmehr für immer, und dieses »Immer« – darauf vertraut er, weil er auf Menschen vertraut – wird zu erreichen sein.

Wer ist bereit, ihn dafür auszulachen, daß dieses »Immer« nicht unser Jahrhundert war, an das er glaubte.

»Macht unser Volk einen Fortschritt«, so schrieb er in den *Fastenpredigten*, »oder gar einen Aufflug: so glauben wir sogleich, die ganze Menschheit sei mitgefolgt und nachgeflogen. Erblicken wir die Mitfolge nicht: so jammern wir über den großen Stillstand der Welt und verzagen an der Zeit, welche doch so viele tausend Hände hat und stets unzählige zum geben übrig behält; denn wir vergessen, daß ja das ganze *auch* gegangen, nur aber in einem größeren Himmel, ebenso kommt es uns vor, der Mond laufe und eile, wenn unter ihm die irdischen Wolken fliegen; verwundern uns aber, daß er ungeachtet des Scheins nicht aus seiner Stelle gewichen, bis wir endlich einsehen, daß auch er weitergerückt, nur in einem größeren Himmel, als der unserer Wolken ist.«

Eine Politik der Geduld, eine Pädagogik der Geduld, eine Ästhetik der Geduld – dafür plädiert einer, der ein glühender Anhänger der Revolution war. Der sich zwar entsetzt abwandte von der Blutrunst der Jakobiner, aber ein Leben lang ein Girondist blieb.

Hätte er vielleicht nicht auch in dieser Zeit und in diesem vereinigten Land zur Geduld – zur revolutionären Geduld – aufgerufen, wie es Kollegen – Günter Grass zum Beispiel – getan haben, könnte vielleicht ein Zitat wie dieses – aus der *Friedenspredigt* – so verstanden werden:

»Wie am langen Tag in Schweden die Abendröte ohne eine abteilende Nacht in das Morgenrot verfließt: so schmilzt jetzt

Fürchten und Hoffen ineinander, West-Abend und Ost-Morgen; folglich ist das Aufsteigen der Sonne nicht weit.«

Tröstlich, ja – und in der sanften Unabänderlichkeit auch erschreckend –, aber ich zitiere Jean Paul ungern, zitiert wurde er genug, und seine Zitate zieren Kalenderzettel, als ob er Lichtenberg geheißen hätte und nicht Jean Paul.

In Wirklichkeit ist er nicht zitierbar, und die vielen Glanzstellen, die man herauspicken kann, machen ihn nicht aus.

Wer dem Jean Paul als Leser zuhört, einem großen Erzähler zuhört, der kommt in Schwierigkeiten, wenn er sein Erlebnis des Zuhörens einem Nichtzuhörer wiedergeben will. Nein, Inhalte machen den großen Erzähler nicht aus, Stil und Grammatik auch nicht, sondern jene Sanftheit, mit der er eine ganze Welt wie Sand durch seine Finger rinnen läßt, und wir schauen zu und staunen – staunen ist auch eine Form, das Nichtverstehbare zu verstehen.

Dabei hat er durchaus mehr gewußt – nicht etwa nur geahnt, sondern gewußt – als das, was er uns erzählt hat; und hie und da flammt es auf, wenn er etwa unseren Wachstumswahnsinn beschreibt, in den *Dämmerungen für Deutschland:*

»Der Mechanikus Henri in Paris erfand – approbierte – Flinten, welche nach einer Ladung 14 Schüsse hintereinandergeben; – welche Zeit wird hier dem Morden erspart und dem Leben genommen!

Und wer bürgt unter den unermeßlichen Entwicklungen der Chemie und der Physik dagegen, daß nicht endlich eine Mordmaschine erfunden werde, welche wie eine Mine mit einem Schuß eine Schlacht liefert und schließt, so daß der Feind nur den zweiten tut, und so gegen Abend der Feldzug abgetan ist.«

Erstschlag, Zweitschlag – wir glauben es heute noch nicht so recht und glauben immer noch, daß wir mit Waffen ein bißchen herumwursteln können – aber das ist nicht eine apokalyptische Vision von Jean Paul, sondern seine grundsätzliche Angst vor Wachstum – ein Wachstumsfeind, ein Grüner.

Und gleichzeitig einer, der glaubte, die kommende Atombombe sei ein Problem des frühen 19. Jahrhunderts – und sie werde deshalb nicht kommen, weil die Welt und die Menschen einen anderen Weg gehen würden. Wir aber sind den Weg des 19. Jahrhunderts gegangen. Jean Pauls 20. Jahrhundert hat nicht stattgefunden.

Daß er hofft, dieser Jean Paul, daß er vertraut, dieser Jean Paul, vertraut in Menschen – das macht ihn nicht zu einem antiquierten Autor – denn seine Zeit gab nicht mehr Anlaß zur Hoffnung als unsere –, aber sein religiöser Verdacht, daß diese Welt gemeint sein könnte, daß Menschen nicht nur da sind, sondern gemeint sein könnten – das läßt mich leben in dieser Zeit: »Schafft und hofft; euch helfen und bleiben Gott und Tod.«

Es ist schön, in einer Welt leben zu dürfen, in der Jean Paul gelebt hat – in einer Welt lesen zu dürfen, in der auch er gelesen hat. Nicht allen hat er gelebt, aber uns und mir hat er gelebt.

Und schon bin ich wieder in Börnes Pathos, und schon sitzt mir wieder der Spott des phantastisch-pragmatischen Jean Paul im Nacken, und ich kriege jenen eigenartigen Text aus dem *Katzenberger* nicht aus dem Kopf, wo ein »mir ganz unbekannter Musurus – Ehrenmitglied von mehren Ehrenkörpern deutscher Gesellschaften für Deutsche – Wünsche für Luthers Denkmal äußert, und sagt, daß ein anderer vor ihm ein Denkmal verdient hätte, einer nämlich, der mit allen Fürsten der Welt verwandt sei und für den noch nichts getan worden, weder im protestantischen Deutschland, noch sonstwo. Und von seiner Frau gilt dasselbe.«

Gemeint ist Adam – der erste unter allen, der wirklich nirgends in der Welt ein Denkmal gekriegt hat. Oder dann halt ein Denkmal, wo alle reinkommen – Kepler, Hutten, Herder, Lessing, Kant, Winckelmann, Albrecht Dürer – und Tanzmeister, Sprachmeister, Philosophen, Numismatiker.

Fünf Jahre nach seinem Tod wird der Vorschlag zufälligerweise halbwegs verwirklicht – ganz in der Nähe hier, die Walhalla bei Regensburg.

Ich habe sie mal besucht, so ganz nur nicht hat sie mir nicht gefallen: Irgendwie so etwas wie ein halber Witz, und als ich jetzt wieder für diese Rede die »Wünsche für Luthers Denkmal« durchlas, war ich eigentlich fast ein wenig enttäuscht. Ich hatte es als ungemein witzig in Erinnerung, und fand nun darin fast nichts, was ich hätte hier zitieren können.

Jean Pauls Witz ist fast immer ein halber. Man möchte ihm als Leser oft gern helfen und ihm zurufen: »Jetzt sag das noch, und dann käme das noch – und dann die Pointe«, und Jean Paul liefert die Pointe nicht, er macht sie kaputt, er läßt sie aus – die Pointe, der Witz würde den Lauf des Erzählens stören – und Erzählen ist etwas sehr Ernstes, etwas Stilles im Kreise der Schlafbemützten, und Friedrich Nietzsche mag recht gehabt haben mit seiner Feststellung: »Ja er hatte Witz, – aber leider für seinen Heißhunger danach viel zu wenig: weshalb er den Leser gerade durch seine Witzlosigkeit zur Verzweiflung treibt. Im ganzen war er das bunte, starkriechende Unkraut, welches über Nacht auf den zarten Fruchtfeldern Schillers und Goethes aufschoß; er war ein bequemer guter Mensch, und doch ein Verhängnis, – ein Verhängnis im Schlafrock.«

Nietzsche meinte das durchaus negativ. Trotzdem, kaum eine Äußerung über Jean Paul beschreibt mein Leseerlebnis so exakt.

Es ist wahr – der »Hasenkrieg« in *Dr. Katzenbergers Badereise* könnte lustiger, witziger beschrieben werden. Es fehlt ihm die eigene Dynamik – man glaubt als Leser helfen zu müssen, mithelfen zu müssen – und man lacht oder lächelt erst Stunden hinterher, wenn man sich daran erinnert, wenn man sich endlich die Situation vorstellt und den besänftigenden Ton des Erzählers vergessen hat.

Besänftigung durch Beschreibung. Erst mal nicht erschrekken, sondern zur Kenntnis nehmen, daß es das gibt – erst mal nicht lachen, sondern besonnen zuhören. Der Witz ist einfach, den wird sich der Zuhörer später schon selbst machen können.

Wichtig ist der Ernst, der allem innewohnt – auch dem Witz und vor allem dem Witz –, und begeisterte Jean-Paul-Leser wissen, wie verzweifelt man sein kann, möchte man einem Nichtleser Jean Paul zitieren, kein Zitat ist gut genug, kein Zitat beweist etwas – das bunte, starkriechende Unkraut ist nicht beschreibbar – ein Verhängnis im Schlafrock für Zuhörer in Schlafmützen.

Ein fürchterlicher Mensch, dieser Jean Paul – hätte man ihn hier in Bayreuth als Lebenden nicht gemocht – diesen fetten Schatten eines ehemals gefeierten Dichters – es wäre zu verstehen. Anekdoten, die Anekdote über den maßlosen Biertrinker, lassen auf Ablehnung schließen, doch scheint es mir etwas ungerecht, wenn Günter de Bruyn schreibt: »Drei Tage später tut die Stadt so, als hätte sie es immer schon für eine Ehre gehalten, einen solchen Mann in ihren Mauern zu haben.«

Immerhin, Frau Rollwenzel mochte ihn – sie mochte ihn wohl ungelesen und im blinden Vertrauen darauf, daß der Herr Legationsrat ein großer Dichter war.

Darin sind wir wohl mit unserem Denkmal ihr gleich. Denkmäler sind blindes Vertrauen darauf, daß Größe genügt und nicht benützt werden muß.

Trotzdem, der Stadt Bayreuth sei Dank,

einmal für das erste Denkmal, für das bronzene. Ich habe es vor Jahren schon einmal besucht, und er hat mich gerührt, da oben auf dem Sockel –

dann aber vor allem für das zweite Denkmal – für diese Jean-Paul-Woche – wenn hier nur drei neue Leserinnen, Leser gefunden werden, dann sind wir doch schon bald viele – und können uns umarmen und die Schlafmützen überziehen, oder trotzig auf jenes Jahrhundert warten, das das unsere nicht war.

Trotzig daran glauben, daß er die Revolution meinte.

Sie könnte sanft sein und uns sanft tun.

Oder immerhin Leser bleiben, Jean-Paul-Leser: Leser, diese eigenartige Spezies von Subversiven, von Verschworenen, die – weil sie viele wären – sich auf ein 21. Jahrhundert freuen könnten.

Lassen Sie mich meine Rede schließen mit zwei Zitaten von jenem Mann vom Bielersee, in dem Rousseaus und Jean Pauls geliebte Petersinsel liegt, Robert Walser.

Er schrieb zum hundersten Todestag: »Es scheint, ich wisse, er habe seine Mutter sehr geliebt. Ich las das einmal in einem

Gartenlaubenband. Immer wollte ich mich schon über diesen großen Dichter, der sich so unpathetisch gebärdet hat, in einem Konversationslexikon orientieren, damit sich mir sein Leben öffne.«

Und das zweite Zitat, mit dem Robert Walser sein holpriges und unbeholfenes Aufsätzchen schließt, und mit dem ich – endlich – auch meine Rede schließen will:

»Vielleicht darf ich jetzt diesen Essay für beendet und den Auftrag, ihn zu schreiben, für erfüllt halten.«

Der Feuilletonist

Peter Bichsel

Der amerikanische Traum. Was ist das?
Niemand weiß es.

Amerika – ich glaube, man könnte 20 Jahre hier leben, und man kriegte die Klischees über dieses Land nicht aus dem Kopf, oft scheint mir, die Amerikaner selbst leben nicht ohne diese Klischees: der Pionier, der Indianer, der Cowboy, der Reiche, der Arme und dann noch der Onkel aus Amerika unserer Väter.

Ich sitze im Flugzeug nach Boston. Ich hatte mich in Zürich schon gefreut, daß es nicht überfüllt ist, aber nun wurde das Flugzeug gestürmt von einer ganzen Highschool-Klasse, 18jährige Mädchen und Buben, sie sind laut, und sie sind irgendwie ohne Scham; was gesagt wird, das wird laut gesagt, und wenn gelacht wird, dann wird laut gelacht.

Ist das amerikanisch? Ich weiß nicht. Aber ich nehme das mal für amerikanisch und beginne mich zu fürchten vor meinen Studenten am Dartmouth College in Hanover, New Hampshire. Dort will ich hin. Will ich? Wie kam ich darauf, diese Einladung anzunehmen? Wieder hinzugehen in diese total künstliche Welt einer amerikanischen Universität – ich war schon einmal vor 15 Jahren an so einem College in Ohio und habe dort fast nur gelitten, gelitten darunter, ganz außerhalb des Lebens zu stehen, keine Erwachsenen, keine Arbeiter, keine Beizen, keine Armut, kein Amerika – warum gehe ich wieder?

Der amerikanische Traum? Davon spricht man, was ist das, niemand weiß es. Das »Wallstreet Journal« wirbt mit dem Satz: »A daily diary of the American dream«, ein tägliches Tagebuch des amerikanischen Traums, wohl kaum ein Amerikaner wird diese Werbung lächerlich finden. Das wäre ein Grund, nicht hinzugehen, daß solches hier nicht lächerlich ist.

Im Schaufenster des noblen Kleidergeschäftes Campion in Hanover steht ein schäbiges Kartonschild mit zwei vergilbten

Farbfotos von einem Mann, ein Angestellter, der im Januar verstorben ist, mit dem Text: »Zum Andenken an Vin Patton, ein Einkäufer, ein Verkäufer, ein Freund.« Ich frage ein paar Leser hier, ob sie das nicht lächerlich finden. »Nein, eigentlich nur ein bißchen provinziell.«

Aber noch sitze ich im Flugzeug. Das Schulmädchen neben mir erklärte mir, wo sie waren: Stockholm, Zürich, Venedig in zehn Tagen – also doch amerikanisch. (Aber Schweizer Reisegruppen legen oft längere Strecken hinter sich, hier in Amerika in zehn Tagen). Sie hat so die Art von »Was kostet die Welt?«, burschikos, unerschrocken, geschminkt und furchtbar erwachsen, und plötzlich sagt sie zu mir: »Ich freue mich so auf meine Eltern – jetzt dauert es nur noch eine Stunde –, ich habe sie ganze zehn Tage nicht gesehen.«

So etwas würde bei uns allerdings nicht mal eine 14jährige zugeben. Offenheit, das ist auch amerikanisch, und man darf auch offen sein – niemand wird ausgelacht, das ist auch amerikanisch.

Ich fürchte mich vor der Einreise, ich habe ein kompliziertes Visum mit Begleitpapieren und einer beschränkten Arbeitserlaubnis. Ich kenne das von meinen Reisen nach New York, ich hatte da mal drei Stunden mit diesen Polizisten und Zöllnern, die wie gnadenlose Erzengel vor ihrem gelobten Land stehen.

Aber hier in Boston geht es mir plötzlich fast zu schnell. Der Zöllner fragt nach Schnaps – er kennt das deutsche Wort und freut sich darüber, und weil er sich freut, ist es nicht als Frage gemeint –, ich sage: »Ich habe gedacht, man könnte das auch hier kaufen«, und er sagt: »So geh nach New Hampshire, dort ist der Liquor billiger.« – »Da will ich hin«, sage ich, und er fragt: »Dartmouth College?« New Hampshire muß klein sein.

New Hampshire ist übrigens der einzige Staat, der keine Staatssteuern einzieht und sich ausschließlich mit dem Verkauf von billigem Schnaps finanziert.

Ich wäre jetzt gerne in Boston geblieben, eine richtige Stadt mit vielen Menschen, richtiges Amerika – und die Fahrt mit freundlichen Kollegen nordwärts nach Hanover, durch Wälder und Wälder, ist für mich so etwas wie eine Entführung –, kaum bin ich endlich in Amerika, werde ich schon wieder aus Amerika entführt. New Hampshire gehört zu Neuengland. Man lebe hier eher englisch als amerikanisch, sagen Freunde oft. Das heißt, die Gegend entspricht dem Vorurteil über Amerika nicht, also erklärt man sie für unamerikanisch – so einfach machen wir es uns hier und überall mit unseren Vorurteilen.

Ich bin erst seit 3 Wochen hier und beginne zu begreifen, daß auch Amerika verschieden ist. Die Autobahnen hier sind nicht mit Reklamen eingerahmt. Das tat mir anfänglich fast leid – es sieht zu wenig amerikanisch aus. Es gehört nicht zum Bild. Ich habe hier zu lernen, daß nicht nur die Schweiz, und die Schweizer verschieden sind, sondern auch die Amerikaner.

Der Speaker im Repräsentantenhaus spricht die Abgeordneten konsequent mit der Bezeichnung »the lady from Massachusetts«, »the gentleman from California« an. Es sind verschiedene Amerikas, die hier in Washington vertreten sind, und die Diskussionen im Parlament – so scheint mir – sind härter und direkter geworden.

Wenn es um Innenpolitik geht, dann unterscheiden sich Demokraten und Republikaner doch bereits deutlich. Es gibt – noch nicht lange – hier einen Fernsehkanal, genannt C-Span, der nur original aus Parlament und Kommissionen überträgt, dazu Hearings und Pressekonferenzen. Ich höre das alles mit großer Spannung, das ist nicht einfach nur Lobby und Business, da gibt es noch Spuren von altem Liberalismus und von staatsmännischer Verantwortung. Bei uns würden sich die Parlamentarier wehren gegen die Fernsehübertragung von langweiligen Verhandlungen. Ihr Argument würde heißen, daß sonst alle nur zum Fenster hinaussprechen würden. Mag sein, aber man kann sich auch zum Fenster hinaus seinen Wählern verpflichten.

Die europäische Vorstellung, daß Amerika am Ende sei, wirtschaftlich und politisch, wird hier schnell relativiert, das Wort »Zukunft« hat hier noch Bedeutung. Nicht nur auf der Straße hört man die andere Meinung zu Nicaragua, zu den

Menschenrechten in Südafrika, sondern auch im Parlament. Es ist eigenartig, der jahrhundertalte Bubentraum »Amerika« behält seinen Glanz, die Hoffnung, die immer wieder nicht ausbezahlt wird, bleibt eine Hoffnung.

Gestern habe ich mein Mietauto ausprobiert, ich bin ein bißchen um die Stadt gefahren. Ich habe einen Autostopper aufgenommen, und er fragte mich nach meinem Ziel. Ich sagte ihm, daß ich keines habe, und fragte ihn, wohin er wolle und wie weit das sei – etwa eine Stunde. Er wollte irgendwo in die Berge von Vermont, und ich brachte ihn dahin – ein wunderschöner Tag und eine wunderschöne Landschaft.

Die Hügel beengen hier nicht, weil sehr viel mehr Himmel darüber ist als bei uns. Jemand erklärt mir, daß in Amerika die Wolken höher am Himmel hängen und daß man deshalb den Eindruck habe, der Himmel sei größer – man lebt hier jedenfalls nicht in der Enge, das vergißt man auch immer, wenn man an Amerika denkt. Ronald Reagan, das ist die Enge, man vergißt gern die Größe des Landes – ich meine die Weite des Landes –, wenn man an ihn denkt.

Der Jüngling, den ich mitgenommen hatte, war sehr wortkarg. Er sagte, daß er Möbelschreiner sei, viel mehr sagte er nicht. Irgendwie mißtraute er mir. Als ich ihn zu Hause aussteigen ließ, bedankte er sich kurz und freundlich – es ist so schön hier, wie leicht man gibt und wie leicht man nimmt –, ein Dank ist hier immer kurz und »bitteschön« heißt »you're welcome«. »Sie sind willkommen«. Fast war ich beleidigt, nicht mehr Dank zu bekommen, aber als ich umdrehte und wegfuhr, winkte er mir noch lange.

Später ist mir eingefallen, vor was er sich fürchtete: vor einem Mann ohne Ziel. Das gibt es in Amerika wohl nicht. Es gibt hier viel Vergangenheit – inzwischen wohl mehr Vergangenheit und sichtbare Geschichte als bei uns –, und dann gibt es nur noch Zukunft, fast keine Gegenwart. Ein Mann ohne Ziel hat keine Zukunft.

Man besucht hier seine Freunde nicht einfach so, sondern um sich die Freundschaft zu erhalten. Man betreibt Sport mit

Ziel. Man macht nicht etwa jetzt Jogging, sondern nur für später. Und man studiert nicht etwa jetzt, sondern man lernt und lernt für später, um später besser zu sein als der andere.

Auf dem T-Shirt der Studenten steht ein Jahrgang, zum Beispiel »Dartmouth 1989«. Dann wird er seine Studien hier abgeschlossen haben, erst dann – nachher wird er zu einem richtigen Dartmouther. Er kriegt hier gleich zu Beginn einen neuen Jahrgang – ein Leben lang wird er ab jetzt ein 89er sein. Und keiner wird an seinem eigenen Stolz darauf je zweifeln. Und er wird sich diesen Stolz auch etwas kosten lassen. Das College ist privat in einem doppelten Sinn, also nicht nur nichtstaatlich, sondern es lebt auch vor allem aus den großzügigen Spenden der Ehemaligen.

Man sieht sie dauernd in den Straßen und Restaurants von Hanover, die 38er und die 47er und alle, Ehemalige mit fast verklärten Augen, mit Frau und Kindern, vielleicht studiert seine Tochter zu seinem großen Stolz jetzt auch hier (sie darf es seit 1972, vorher war es ein reines Männercollege). Und er wird zu seiner späteren Universität nie ein so sentimentales Verhältnis haben wie zum College, wo er von 18 bis 22 war. Er läßt sich seine Treue viel kosten. Wenige bezahlen hier die Studiengelder selbst, etwa 16 000 Dollar im Jahr, viele sind Vollstipendiaten, die meisten Teilstipendiaten. Die Ehemaligen sind stolz darauf, bezahlen zu dürfen. Es ist nicht unwichtig, mit der Footballmannschaft zu gewinnen. Nicht daß man bei der Bewerbung einen guten Footballer vorziehen würde. Dafür wäre man hier auch zu stolz, aber der Stolz der Ehemaligen kann durch Siege in Erinnerung gebracht werden.

Dartmouth spielt in der Ivy-League (Efeu-Liga). Die Ivy-League-Universitäten sind die uralten Eliteschulen an der Ostküste, an deren Gebäuden sich das Efeu hochrankt. Dartmouth wurde 1769 gegründet. Viel Geschichte also und viel Zukunft. Ich bin wohl der einzige, der hier allein in die Bar geht, ohne jemanden zu treffen, nur um dort zu sein, also gegenwärtig. Das Liebespaar – zwei 87er wohl –, das im Restaurant sitzt, macht mir auch den Eindruck, daß es Zukunft plant. Beide wohl aus gutem Haus, sie wissen die Gabel zu führen und das Glas zu heben. Er mit exakt gebundener Krawatte, sie mit Frisur und Kleid, an denen ihre Freundinnen wohl lange gearbeitet haben. Im übrigen ein echtes Liebespaar wie überall, sie halten sich die Hände, sprechen vielleicht über Bücher. Aber auch hier habe ich den Eindruck, daß dies keine Gegenwart hat, nur Zukunft. Ich bekomme den Eindruck von Vorverhandlungen, bei denen man einen guten Eindruck machen muß. Daraus wird etwas werden. Ihre Kinder werden ihre Zukunft wohl auch in Dartmouth haben.

Es ist wirklich schön hier. Gepflegt und angenehm. Die Leute sind freundlich. Man schließt hier weder Auto noch Haustür, und Autofahren ist hier gemütlich. Man bekommt den Eindruck, die Leute hätten hier Zeit, der Eindruck ist wohl falsch, sie haben nur Zukunft.

Das Schild im Kleidergeschäft: »Vin Patton, ein Einkäufer, ein Verkäufer, ein Freund« läßt mich annehmen, daß die Amerikaner ein perverses Verhältnis zum Tod haben – »ein pornographisches« hat Max Frisch mal geschrieben. Aber mitten im Campus liegt der Friedhof von Hanover. Eigentlich kein Friedhof, nur ein kleines ungepflegtes Wäldchen mit alten schrägen Steinen, einfach ein Stück Natur. Man läßt hier die Toten wirklich ruhen, man läßt ihnen ihr Leben.

Vor einigen Steinen stehen kleine amerikanische Fahnen. Ich nehme an, daß das Soldaten sind oder besonders patriotisch gesinnte Leute.

Auch das ist Amerika.

Ich frage verschiedene Leute, was die Flaggen zu bedeuten hätten. Sie wissen es alle nicht so ganz genau.

Auch das ist Amerika.

Peter Bichsel
Wie schlecht Schüler sind

Irgendwo in der Schweiz sitzt ein spanischer Primarschüler in der zweithintersten Reihe und ist ein schlechter Schüler. Der Grund, daß er ein schlechter Schüler ist, ist ganz einfach: Er hat Mühe mit Deutsch – er hat also Mühe mit Fremdsprachen.

In Wirklichkeit hat er aber nicht die geringste Schwierigkeit mit Fremdsprachen – keiner in der Klasse, auch der Lehrer nicht, spricht so viele Sprachen wie er, er spricht und versteht vier oder fünf Sprachen, und eigentlich alle diese Sprachen sind für ihn Fremdsprachen – und wir nehmen an, er sei ein schlechter Schüler, weil er Mühe mit Fremdsprachen hat.

Seine Eltern sind Galicier. Sie kommen aus dem Norden Spaniens und sprechen eine andere Sprache als Spanisch, nämlich Galicisch. Das ist die Sprache, die der Schüler zu Hause hört. Bevor er in die Schweiz kam – mit sieben –, war er aber ein Jahr im Kindergarten, dort hat er Spanisch gehört und Spanisch gelernt, auf der Straße in der Schweiz lernte er Schweizerdeutsch – akzentfrei wie ein Schweizer – und in der Schweizer Schule lernte er Hochdeutsch.

Dazu kam – weil es bei uns weder ein galicisches, noch ein spanisches Fernsehen gibt, daß zu Hause stets das italienische Fernsehen lief, so lernte der Junge nun auch noch seine fünfte Sprache und spricht sie perfekt.

Nein, ich kenne ihn nicht, diesen Primarschüler in der Schweiz. Ich weiß auch nicht, wo er in die Schule geht. Ich weiß nur, daß es ihn gibt, und sicher gibt es ihn mehrmals und überall in der Schweiz: den Schüler oder die Schülerin, die fünf Sprachen kann und kein guter Schüler, keine gute Schülerin ist.

Ich war für eine Woche an der Universität Salamanca in Spanien und hatte mit spanischen Germanisten und Germanistikstudenten zu tun. Das war sehr schön und angenehm, und das gute Deutsch der Studenten und Studentinnen hat mich beeindruckt.

In den Pausen kamen aber auch Studenten, die mich auf schweizerdeutsch ansprachen, richtiges Schweizerdeutsch aus dem Aargau, aus der Ostschweiz – ziemlich genau lokalisierbar, aber es waren Spanier.

Es war sehr eigenartig für mich. Hier sprachen Spanier Schweizerdeutsch als Fremdsprache, und weil sie in dieser Fremdsprache etwas direkter mit mir sprechen konnten als jene, die Hochdeutsch als Fremdsprache konnten, war es dann auch so etwas wie eine Geheimsprache.

Und als ich Manuel darauf ansprach, sagte er: »Weißt du, auch Spanisch ist für mich Femdsprache, ich bin Galicier, habe (zu Hause) im Aargau nur Galicisch gesprochen und am Fernsehen Italienisch gehört. Mein Spanisch war damals nicht sehr gut.«

Manuel hat sein Germanistikstudium an der Universität abgeschlossen und arbeitet gegenwärtig an seinem Doktorat. Er ist ein interessanter Mensch, er hat in vielen Welten gelebt und in vielen Sprachen. Er weiß mehr von dieser Welt als ich. Aber er war in dieser Schweizer Schule ein schlechter Schüler – in derselben Schweizer Schule, in der ich ein guter Schüler war.

Ich versuche ihn dazu zu bringen, sich darüber zu beklagen oder darüber zu schimpfen, aber er schimpft nicht – nicht einmal über die Schweiz. Aber wäre seine Biographie eine schweizerische geblieben, er wäre wohl ein Hilfsarbeiter geworden, man hätte ihn für einen »dummen« Spanier gehalten, und das Schlimmste – er selbst hätte das wohl auch geglaubt. Den Weg an eine Schweizer Universität hätte er bestimmt nicht gefunden. Daran ist niemand schuld, auch sein Schweizer Lehrer wohl nicht.

An einer spanischen Universität hat er es nun geschafft, mit einer anderen Sprache, die auch nicht seine Muttersprache ist, mit Spanisch.

Ich will hier keine Klage gegen Lehrer und Schule führen, sehr wahrscheinlich ist das einfach so – eine schulische Biographie ist wohl für immer und für alle zufällig.

Jener, der einen Lehrer findet, der behauptet, sein Schüler sei talentiert, jener hat Glück. Ich habe das Glück gehabt, er hat es sich erkämpft nach einer langen Zeit als einfacher Hilfsarbeiter in der Schweiz.

Mir ist nur plötzlich aufgefallen, daß es doch eigenartig ist, wie wenig in unserer Schule kulturelle Vielfältigkeit gilt – wie wenig es gilt, wenn der Schüler in der zweithintersten Reihe fünf Sprachen kann. Und dies in einem Land, das so stolz ist auf seine kulturelle Vielfältigkeit und nächstes Jahr auch dauernd davon sprechen wird.

Dies allerdings auch in einem ganz kleinen Land, in dem einem Kind mit einem Ortswechsel von wenigen Kilometern schon die ganze schulische Biographie versaut werden kann.

Ganz einfach weil Schule auf Bildung keine Rücksicht nehmen kann und will.

Herbert Hoven
Den Gedanken nachgeben
Zu Peter Bichsels Kolumnen

I

»Ich, der Schriftsteller«, heißt es in den Novellen Franco Sac-
chettis. Ich, Komma, der Schriftsteller.

»Diese Geschichte wurde mir in Portovenere erzählt, wohin
ich, der Schriftsteller, 1383 auf einer Reise nach Genua kam,
und es wurde mir dort auch noch...«

Franco Sacchetti spricht in eigenem Namen, beansprucht für
sich selbst Autorität und für die erzählte Geschichte Wahrhaf-
tigkeit. Nicht Wahrheit. Er ist Zeuge und Mitspieler zugleich.

Ich, der Schriftsteller, könnte es auch in den Kolumnen
heißen, die Peter Bichsel seit 1968 regelmäßig für Schweizer
Zeitungen und Illustrierten schreibt, zur Zeit wieder einmal für
die »Schweizer Illustrierte«.

Im Januar 1991 erzählt er, der Schriftsteller, von Emil. Dem
Emil gehen »50 Millionen in kein Hirn rein – und was nicht in
die Hirne geht, das gibt es nicht – darf es nicht geben«. 50
Millionen – gemeint sind die Spuren von Tieren, die vor Millionen Jahren auf unserer Erde gelebt haben und deren Verstei-
nerungen wir zum Beispiel im Schweizer Jura finden. 50 Millionen Jahre, das kann Emil sich nicht vorstellen, also gibt es
das auch nicht, das ist gigantisch, eine Größenordnung, die in
kein Hirn hineinpaßt. Diesen Emil aus der Kneipe, der in Ruhe
sein Bier trinken will und »kein gescheites Geschwätz« hören
mag, den kann ich mir vorstellen. Die wenigen Sätze, mit denen
er in Peter Bichsels Kolumne zu Wort kommt, machen ihn
einmalig. Diesen Emil gibt es nicht ein zweites Mal. Er weigert
sich, das Wissen der Paläontologen in sein Hirn zu pressen.
»Wissensverweigerung« schreibt Peter Bichsel, springt ihm
bei, schlägt sich »auf jene Seite, die nicht mehr mit großen
Zahlen umgehen will – auf jene Seite, die endlich genug hat

von Rekorden, von mehr und mehr.« Es folgt, wie im guten Film, der Plot, und Peter Bichsel ist beim Krieg am Golf. Er, der Schriftsteller, ist sich sicher, daß auch die Zahlen des Krieges in kein Hirn passen: »Das sind auch Tausende und Millionen von Kilos und Tonnen und Dollars und Brötchen und Colas und Toten. Und ich hänge am Radio und bin gierig auf hohe Zahlen, die ich nicht hirnen kann. [...] Und ich habe mehr und mehr den Verdacht, daß dieser Krieg nichts anderes ist als eine Folge von unserem Denken: Wachstum, Wachstum, Rekorde, Rekorde.« Eben: »Gigantismus«.

Dollars, Brötchen, Coca Cola und Tote werden in Millionen Stück gezählt, in Millionen Kilos und Tonnen gewogen und hochgerechnet. Das ist respektlos. Da schreibt einer gegen den Krieg an, der im Fernsehen als Videoclip ausgestrahlt wird und im Hörfunk als Konferenzschaltung zwischen den wichtigen Schauplätzen – ein wenig ist es wie bei der Konferenzschaltung am Samstag nachmittag bei den Spielen der ersten Liga. Peter Bichsel, der Schriftsteller, will sich damit nicht abfinden: »Es ist anzunehmen, daß, wenn man diesen Krieg nicht hätte führen können – daß man dann vielleicht nie mehr hätte einen Krieg führen können. Er hatte diesmal seine letzte Chance, und die wird er nun wieder für lange haben. Jene, denen das recht ist, reagieren mitunter mit dem Wort ›Betroffenheit‹ darauf. Es wird sehr bald eines der verlogensten Wörter unserer Zeit sein. Ungewollt jedenfalls ist dieser Krieg nicht.«

Schreibend setzt Peter Bichsel sich gegen den Krieg zur Wehr. Schreibend kommt er zu seinen Gedanken. Mühsam, Schritt für Schritt und in Übereinstimmung mit dem Emil aus der Kneipe. Der Emil ist respektlos, und er, der Schriftsteller, ist es auch. Millionen Tonnen und Kilos und Dollars, das geht in kein Hirn.

Im Unterschied dazu der Journalist Peter Scholl-Latour. Für ihn ist Krieg fester Betandteil des Alltags. Damit rechnet er, damit geht er – als Journalist – um. Schwierigkeiten macht ihm das nicht. Seine eigene Meinung dazu ist ihm seit langem bekannt und er braucht sie nur noch aufzuschreiben: »Das militärische Potential des Irak soll zerschlagen werden. Vor allem zielen die Bombenteppiche der B-52-Maschinen darauf hin, die Republikanische Garde, die Elite-Division Saddam Husseins, zu zermürben und, wenn möglich, aufzureiben. Vielleicht gelingt diese hochtechnologische Form der Kriegsführung.« Und weiter erklärt Peter Scholl-Latour den Lesern, daß selbst im Zeitalter der Atomwaffen die »Infanterie die Königin des Schlachtfeldes« bleibt, und er hält es für möglich, daß die »terrestrische Intervention die ersten nennenswerten Menschenverluste« für die US-Army bringen wird. Auch wenn Peter Scholl-Latour gegen den Krieg am Golf ist (wer ist nicht dagegen?), hat er sich sprachlich und gedanklich mit Krieg überhaupt abgefunden. Die »Infanterie als Königin des Schlachtfeldes« herausstellen und von »nennenswerten Menschenverlusten« sprechen kann nur jemand, bei dem der Krieg ins Hirn reinpaßt – als ob nicht *ein* Menschenleben gleichfalls ein hoher Verlust wäre. »Bombenteppich«, »militärisches Potential«, »terrestrische Intervention« – da hat sich jemand seit Jahrzehnten im Krieg eingerichtet. Es macht einen Unterschied, ob jemand schreibend zu seinen Gedanken kommt, ganz langsam, Schritt für Schritt und immer wieder neu, oder ob er, wie Scholl-Latour, seine Meinung bei Bedarf aufschreibt, seine Gedanken abruft wie beim Computer und sich dabei eines Ausdrucks und eines Stils bedient, der ganz fest in seinem Hirn drinsitzt.

»Ich beharre darauf«, heißt es bei Peter Bichsel einmal, »ich beharre darauf, daß ich meinen Gedanken nachgeben darf.«

Die Geschichte von Peter Bichsel liest sich wie eine Antwort auf Peter Scholl-Latour. Die Geschichte vom Emil ist am 28. Januar 1991 in der »Schweizer Illustrierten« erschienen, eine Woche zuvor, am 21. Januar 1991 an gleicher Stelle die Meinung von Peter Scholl-Latour. »notabene« heißt die Kolumne in der »Schweizer Illustrierten«, und außer Peter Bichsel und Peter Scholl-Latour schreibt dort noch Frank A. Mayer.

II

Wenn ich die Kolumnen von Peter Bichsel lese, bin ich mir sicher, sie sind eigens für mich geschrieben. Und ich bin mir sicher, die vielen anderen Leser behaupten ebenfalls, die Kolumnen seien nur für sie geschrieben. Er, der Schriftsteller Peter Bichsel, will mir nichts erklären, keinen Sachverhalt erläutern, es geht ihm um's Erzählen. Das ist ein schweres Stück Arbeit, das Erzählen von Geschichten auf gedrucktem Papier. Die Geschichte geschieht auf dem Papier. Peter Bichsel geht's ums Erzählen, und ich lasse mich gern unterhalten.

Schriftsteller schreiben Kolumnen. In der Schweiz hat das Tradition: Jürg Federspiel und Hugo Loetscher, Jürg Jegge und Rolf Niederhauser, Laure Wyss und Urs Widmer und viele andere. Ausländische Gäste mischen mit: Helga Königsdorf, Christine Nöstlinger, Michael Schneider. In der Schweizer Presse findet sich die Idee realisiert, die, meint Klaus Wagenbach, in den Köpfen sehr vieler deutscher Redakteure spukt, aber selten zum Tragen kommt: »Man sollte doch einen Schriftsteller mal bitten, eine regelmäßige Kolumne zu schreiben. Der politische Teil würde durch schräge Ideen belebt, das Feuilleton träte gehörig aus den Grenzen, und der Schriftsteller macht ein paar Erfahrungen, die ihm nicht schaden könnten.«

Nun gibt es in deutschen Zeitungen und Illustrierten, in Magazinen und im Hörfunk und manchmal auch im Fernsehen Beiträge von Schriftstellern zu politischen, gesellschaftlichen, wirtschaftlichen und sozialen Fragen. Das ist nicht selten, nicht die Ausnahme, für viele Schriftsteller schon die Regel. Es sind Absprachen zwischen der Redaktion und einem Autor zu einem bestimmten Thema und für eine oder zwei Ausgaben mit der Aussicht, so etwas gelegentlich zu wiederholen. Ein Beispiel aus diesen Tagen: Hans Magnus Enzensberger über Saddam Hussein (»Hitlers Wiedergänger«, »Der Spiegel« v. 4. Februar 1991). Durch die extra Ankündigung solcher Beiträge im Editorial wie durch farbigen Balken auf der Titelseite, wird dem Artikel eines Schriftstellers von vornherein eine Bedeutung untergeschoben, die dem Thema oft nicht angemessen ist. Und den Autoren wird eine Rolle unterstellt, die die meisten von sich weisen würden. Ihnen wird unterstellt, sie »nehmen Stellung«, »beziehen Position«, »kommentieren den Sachverhalt« und »hinterfragen«. Nur sagen, ganz einfach etwas sagen, das dürfen sie nicht, dafür sind sie nicht berufen worden. Und schon gar nicht sollen sie erzählen – Geschichten erzählen im politischen Teil einer Zeitung, das ist hierzulande unangemessen. Oft hat es den Anschein, daß in Deutschland prominente Schriftsteller für Meinungen herhalten müssen, für die die verantwortlichen Redakteure nicht die Courage aufbringen. Die Schriftsteller werden benutzt und lassen sich das gefallen, denn meistens stimmt bei solchen Arrangements das Honorar.

Das Jawort einer Redaktion an einen Schriftsteller, für ein oder zwei Jahre zweimal im Monat das zu schreiben, was er, der Schriftsteller, möchte, ohne redaktionellen Eingriff und möglichst an der gleichen Stelle, gibt es hierzulande nicht. (Ich erspare mir, auf die wenigen Ausnahmen einzugehen, zum Beispiel in den sechziger Jahren Martin Morlock im »Spiegel«). Die Geschichte vom Emil ist in der deutschen Presse undenkbar. Das vermeintlich Nebensächliche ist im hochstilisierten politischen Teil einer Zeitung hierzulande unangemessen.

Wenn überhaupt, schreiben bei uns Journalisten die Kolumnen. Für einen Moment treten sie aus der Anonymität ihrer Redaktion heraus, geben einen »Standpunkt« wider, so als handle es sich um einen politischen Kommentar. Solche Kolumnen verbreiten gähnende Langeweile auch dann, wenn ein freier Kollege sie geschrieben hat, denn auch der streckt sich nach der redaktionellen Decke der Zeitung oder Illustrierten. Schon im ersten Satz der Kolumne markieren die Journalisten ihren »Standpunkt« und wissen, welcher Satz zum Schluß stehen soll, quasi als Quintessenz für die Leser. Ein Merksatz, jederzeit abrufbar, fürs Büro, in der Straßenbahn, in der Kantine und in der Kneipe, der so lange vorhält, bis er in der darauffolgenden Kolumne durch einen anderen ersetzt wird. Lange braucht ein solcher Satz nicht vorzuhalten, denn die Journalisten beziehen sich immer unmittelbar auf die Tagespolitik, und die ist sehr schnellebig.

Den Journalisten fällt nichts ein und kann nichts auffallen, weil sie sich von vornherein ihrer Argumente gewiß sind – was nicht nur eine Frage des Inhalts ist. Es sind dieselben Gedanken und Wörter, die sie täglich in der Redaktionskonferenz hin- und herschieben. Die Journalisten überraschen weder ihre Leser noch sich selbst. – Das wäre ja ein wünschenswerter Effekt einer Kolumne, durch das Schreiben den eingeschliffenen Denk- und Schreibstil zu überwinden und neue Erfahrungen zu machen: »eine Ich-Gewißheit zu suchen in der Beziehung, die ich schreibend zu etwas herstelle, was mich beschäftigt, was mich sprachlos macht«. (Rolf Niederhauser, Schweizer Schriftsteller und Kolumnen-Schreiber.)

Ich weiß nicht, was die Kolumnen schreibenden Journalisten wirklich berührt. Sprachlos jedenfalls sind sie nicht. Ihr Schreiben ist eingebunden in den Stil ihrer Zeitung und sachbezogen auf den momentanen Diskussionstand: »Ozonloch«, »Krieg am Golf«, »Fünf neue Bundesländer«, »Konjunktur«, »Frau hat jüngeren Geliebten«.

»Zeitgeist« heißt eine Kolumne im »Stern«. »Zeitgeist« – das könnte ja travestierend gemeint sein, aber wie in dieser Kolumne drauflosgeschwätzt wird, ist eben nichts anderes als Zeitgeist: kurzatmig, und kein Klischee wird ausgelassen.

Eine andere Kolumne im »Stern« heißt »Einsichten«. Hier treten Manuelas und Silvias auf, Dorotheas und Peters, Huberts und Sieglindes. Sie alle sind für eine Geschichte gut, aber es ist nicht die Geschichte von Manuela, Silvia oder Peter, die da erzählt wird, sondern sie alle müssen für etwas herhalten, was die Autorin immer schon mal loswerden wollte. Das ist ein alter literarischer Trick und einer der schlechtesten zugleich. Einen Namen wählen, um irgend etwas zu erzählen, wobei schon nach wenigen Zeilen deutlich wird, daß Manuela und Silvia und Peter gar nicht so breite Schultern haben, um all das zu tranportieren, was ihnen da drauf gepackt wird. Um der »Einsichten« willen werden die Figuren ausgebeutet.

Peter Bichsel dagegen ist Zeuge und Mitspieler.

»Brennpunkt« heißt die Kolumne in der Bunten Illustrierten. Um hier zu schreiben, muß man ein bißchen viel prominent sein. Josef Joffe über den Ablauf des UN-Ultimatums an den Irak; Peter Glotz zur Erhöhung der Telefongebühren; Klaus Bölling zu den Affären um Lothar Späth; Franz Alt interpretiert die Bergpredigt, diesmal bezogen auf den Krieg am Golf, und Peter Gauweiler über seine Solidarität mit Israel – das alles im Januar 1991.

In »Brennpunkt« kann man nachlesen, was die Autoren zuvor in der Tagesschau, in heute, in Wiso, in den Tageszeitungen gedreht und gewendet haben. Die Autoren in »Brennpunkt« kolportieren sich selbst. Sie überschreiten keine Grenzen, weder eigene noch die des Mediums. Was auch hier kaum eine Frage des Inhalts ist, eher eine des Stils.

Kaum anders verhält es sich mit den Kolumnen, die im Feuilleton oder in der Rubrik »Gesellschaft« oder »Alltag« angesiedelt sind.

In den Grenzen des Feuilletons bewegt sich Harry Rowohlt mit »Pooh's Corner« (»Die Zeit«) ebenso wie »Finis« auf der letzten Seite des Feuilletons (»Die Zeit«). »Pooh's Corner«, diese »Meinungen eines Bären mit sehr geringem Verstand« auf der Titelseite und »Finis« vielleicht auf der dritten Seite, das wäre was! Aber vor solchen Überlegungen steht hierzulande die Chefredaktion und deren beauftragte Kommentatoren. Sie dulden keine Konkurrenz neben sich und garantieren, daß die Leser nicht aufgeschreckt werden. Gleiches trifft für Hörfunk und Fernsehen zu.

Ich weiß nicht, welche Qualifikationen vorausgesetzt werden, um auf der ersten Seite einer Tageszeitung zu schreiben, ich weiß nicht was jemanden befähigt, an exponierter Stelle im Hörfunk zu sprechen. Es sind offenbar sehr geheime Vorgänge. Nur eines scheint klar, das Verfertigen der Gedanken beim Schreiben ist nicht erwünscht.

»Die Geschichte«, lese ich bei Rolf Niederhauser, »die Geschichte, sie ist mir einfach so eingefallen.« Kein Journalist traut sich, diesen Satz hinzuschreiben. »Die Geschichte, sie ist mir einfach so eingefallen«, geschrieben auf der dritten Seite einer Tageszeitung, ist ein politischer Satz.

III

»Einer sagt, er hätte mal eine Freundin gehabt, die hätte er nicht geschlagen, die sei ihm dann davongelaufen. Ein anderer erzählt, daß ein Türke auf dem Bau ihm die Hand auf die Schulter gelegt hätte, als er zu ihm etwas sagte. Dem hätte er aber eine Kelle Mörtel ins Gesicht geworfen. Man muß sie in die Schranken weisen, sonst werden sie frech.« Und dann sagt noch einer was und wieder ein anderer erzählt. Die Kolumne hat den Titel »Die heilige Zeit der Gewalt«, und geschrieben hat sie Peter Bichsel. Hierzulande wäre das zu unbedeutend, um im politischen Teil der Zeitung gedruckt zu werden. Viel zu wenig Information und vor allem viel zuviel erzählt.

Natürlich treten die Schweizer Schriftsteller in ihren Kolumnen in Konkurrenz zur Redaktion. Aber weder die einen noch die anderen empfinden das so. Beide nehmen die Ansicht des anderen zur Kenntnis wie auch die Leser in der Schweiz die Kolumnen der Schriftsteller als etwas Selbstverständliches nehmen.

Nicht der Rede wert.

In der Schweiz regen sich ungleich weniger Menschen über die Ansichten eines Schriftstellers auf als in Deutschland, wo der Aufsatz eines Schriftstellers mitunter im Parlament zur Sprache kommt. Als sich 1985 Hans Magnus Enzensberger über die politischen Parteien in Deutschland mokierte, waren sich viele Bundespolitiker darüber einig, hier sei ein Schriftsteller zu weit gegangen, habe sich eine Kompetenz angemaßt, die ihm nicht zustehe. Eine solche Empörung halten die Schweizer Schriftsteller in ihrem Land kaum für möglich: »Man nähme das zur Kenntnis als die Ansicht eines Laien, die er haben darf, ohne daß jemand ihm zuhören muß. Es gäbe im Nationalrat keine Debatte darüber.« (Rolf Niederhauser). Bei uns darf der Schriftsteller kein Laie sein. Er muß Fachmann unter Fachleuten sein, denn als solcher wird er beauftragt. »Schriftsteller«, meint Rolf Niederhauser, »Schriftsteller schreiben nicht als Fachleute. Sie schreiben als Laien, sie schreiben um des Schreibens willen, weil Schreiben Spaß macht und weil Schreiben irgendeine Notwendigkeit hat für sie. Sie schreiben selten um der Sache willen. Sie schreiben an einer Sache entlang.«

An einer Sache entlang schreiben verführt dazu, Nebensächliches ins Spiel zu bringen, auszuholen und auszuschweifen, um am Schluß erstaunt festzustellen, daß die verstreuten Gedanken sehr wohl zusammengehören und gerade im Abschweifen die Brisanz einer Sache offensichtlich wird. An einer Sache entlang schreiben, um deren Kern offenzulegen.

»Der Journalist«, meint Peter Bichsel, »hat Laie zu sein. Es ist bestimmt wünschenswert und kein Schaden, wenn der Journalist fachlich kompetent ist, aber wenn er nur Fachmann ist, dann ist er kein Journalist. Der Journalist hat Laie zu sein, die Fragen des Laien zu stellen und stellvertretend für den Laien zu schreiben. Er hat das zu schreiben, was die Leute denken könnten, denken möchten und nicht das, was sie denken müssen.«

Die Geschichte, sie ist mir einfach so eingefallen, ist ein literarischer Satz. Die Geschichte, sie ist mir einfach so eingefallen, ist ein politischer Satz. Das ist Literatur. »Literatur«, heißt es in den Frankfurter Poetik-Vorlesungen von Peter Bichsel, »Literatur ist darauf angewiesen, Unbedeutendes tun zu dürfen.« Das ist eine Frage des Stils und weniger eine des Inhalts. Vor allem aber steckt dahinter die Haltung eines Schriftstellers. Die Kolumnen, die Peter Bichsel seit 1968 regelmäßig schreibt, sind für ihn nie Übungen gewesen, sich nach der journalistischen Decke zu strecken. Das redaktionelle Umfeld, in dem seine Kolumnen erscheinen, haben in ihm nie den Wahn hochkommen lassen, etwas Bedeutendes schreiben zu müssen. »Polit-Schnulzen« hat er seine Kolumnen genannt.

Zu etwas Bedeutendem werden Peter Bichsels Kolumnen erst Jahre später, wenn sie gesammelt und zwischen zwei Buchdeckel geklemmt im Buchhandel ausliegen. Wenn sich die Literaturkritiker darüber hermachen, das Bedeutende in die Polit-Schnulzen hineinzuinterpretieren oder sich enttäuscht abwenden, weil sie ihnen unbedeutend erscheinen. Was ein Problem der Literaturkritiker ist.

Ich halte sie für nobel, die Sache mit den Schriftsteller-Kolumnen. Für zwei oder drei Jahre mit einem monatlichen Fixum versorgt zu sein, das einem eine minimale Lebensgrundlage sichert. Keine Zeilenschinderei. Honoriert zu werden fürs Nachdenken, fürs Geschichtenerzählen und nicht fürs Schreiben. Einige Tage lange Weile – nicht Langeweile. Damit ist nicht das Nichtstun gemeint.

Ich weiß nicht, ob in der Schweiz Literatur, ob Schriftsteller-Kolumnen gebraucht werden. Schriftsteller jedenfalls werden gebraucht. Ihre Existenz sieht man ein, was keine Frage des finanziellen Überlebens ist, sondern eine gesellschaftliche. Es verhält sich offensichtlich ähnlich wie in Italien. Ob dort Literatur gebraucht wird, ist eher fraglich. Sicher aber ist, hätte Giorgio Manganelli nicht auf der ersten Seite von La Stampa und anderen Zeitungen seine skurrilen Geschichten veröffentlicht, man hätte ihn, den Schriftsteller Giorgio Manganelli, vermißt, nicht seine Literatur.

»notabene« – Über die Kolumnen von Peter Bichsel zu schreiben heißt, über etwas schreiben, was ich vermisse.

»Ich bin nicht gewöhnt, daß man mir widerspricht!« hat sich vor kurzem ein Redakteur vorgestellt. Wie kann so jemand einen anderen, einen Laien, neben sich ertragen?

Peter Bichsel
Eine Frau

Die dreijährige Nora hat sich was angeschaut, nämlich jene Bewegung des Kopfes, mit der jene Frau die Haare aus dem Gesicht wirft.

Nun tut sie das auch – für ihr ganzes Leben – und ist auch eine Frau.

Anhang

Bibliographie

Buchtitel

Versuche über Gino, (Gigandet-Privatdruck) 1960.

Eigentlich möchte Frau Blum den Milchmann kennenlernen. 21 Geschichten, Olten u. Freiburg i. Br. (Walter-Verlag) 1964.

Die Jahreszeiten. Darmstadt u. Neuwied (Luchterhand Verlag) 1967.

Kindergeschichten, Darmstadt u. Neuwied (Luchterhand Verlag) 1969.

Des Schweizers Schweiz. Aufsätze, Zürich (Arche Verlag) 1969. Erweiterte Neuauflage: Zürich (Arche Verlag) 1989.

Stockwerke. Prosa. Ausgewählt und herausgegeben von Heinz F. Schafroth, Stuttgart (Philipp Reclam Verlag) 1974.

Geschichten zur falschen Zeit, Darmstadt u. Neuwied (Luchterhand Verlag) 1979.

Der Leser. Das Erzählen. Frankfurter Poetik-Vorlesungen, Darmstadt u. Neuwied (Luchterhand Verlag) 1982.

Schulmeistereien, Darmstadt u. Neuwied (Luchterhand Verlag) 1985.

Der Busant. Von Trinkern, Polizisten und der schönen Magelone, Darmstadt u. Neuwied (Luchterhand Verlag) 1985.

Irgendwo anderswo. Kolumnen 1980–1985, Darmstadt u. Neuwied (Luchterhand Verlag) 1986.

Im Gegenteil. Kolumnen 1986–1990, Frankfurt am Main (Luchterhand Literaturverlag) 1990.

Möchten Sie Mozart gewesen sein? Meditation zu Mozarts Credo-Messe KV 257/Predigt für die andern. Eine Rede für Fernsehprediger, Zürich (Theologischer Verlag) 1990.

Übersetzungen

Eigentlich möchte Frau Blum den Milchmann kennenlernen	*Die Jahreszeiten*
1965 Finnisch	1969 Dänisch
1965 Norwegisch	1969 Holländisch
1967 Französisch	1969 Schwedisch
1967 Italienisch	1970 Französisch
1968 Englisch/Amerik.	1970 Tschechisch
1969 Schwedisch	1972 Polnisch
1972 Dänisch	
1977 Japanisch	

Nachweise

Texte

Peter Bichsel, Erklärung, in: Eigentlich möchte Frau Blum den Milchmann kennenlernen. 21 Geschichten, Olten und Freiburg i. Br. 1964. © Walter-Verlag, Olten.

Otto F. Walter, Wie ich Peter Bichsel kennenlernte, in: Peter Bichsel: Auskunft für Leser, hrsg. von Herbert Hoven, Darmstadt und Neuwied 1984.

Peter Bichsel, Die Geschichte soll auf dem Papier geschehn, in: Akzente 5/1968.

Ludwig Harig, Was willst du in Tarragona? Erstdruck.

Otto F. Walter, Die Kindergeschichten und Gorkis Frage, in: Peter Bichsel, Kindergeschichten. Sonderausgabe, Darmstadt und Neuwied 1985.

Heinz F. Schafroth, Die Welt nicht abbilden, sie lieber bestehen, in: Basler Zeitung, 26. 9. 1985.

Peter Bichsel, Die Wahrheit oder »Entdämonisieren wir weiter«, in: Sprache im technischen Zeitalter, Heft 20, 1966.

Peter Bichsel, équilibre, in: Peter Bichsel: Auskunft für Leser, a. a. O.

Günter Herburger, Bichsel, in: Günter Herburger. Das brennende Haus, Gedichte, Frankfurt am Main 1990.

Peter Bichsel, Notizen zur Misere, in: einspruch, Nr. 11, Oktober 1988; später in: Peter Bichsel, Des Schweizers Schweiz. Aufsätze, erweiterte Neuauflage, Zürich 1989.

Kaspar H. Spinner. Wir Schweizer sind Schweizer sind Schweizer. Eines Landsmanns Bichsel-Lektüre in der Fremde, in: Peter Bichsel: Auskunft für Leser, a. a. O.

Max Frisch, Wer heute schreibt, ist sich seiner Ohnmacht bewußt. Laudatio auf Peter Bichsel in Bergen-Enkheim 1981, in: Max Frisch, Forderungen des Tages. Porträts, Skizzen, Reden 1943-1982, Frankfurt am Main 1983. © by Suhrkamp Verlag, Frankfurt am Main.

Peter Bichsel, Rede in Bergen-Enkheim, in: Sonderdruck für die Freunde des Luchterhand Verlags, Darmstadt und Neuwied 1981.

Rolf Niederhauser, Ein klein wenig sensibler für das Unbedeutende werden, Peter Bichsels literarische Politik, in: Peter Bichsel: Auskunft für Leser, a. a. O.

Peter Bichsel, Johann Peter Hebel. Dankrede aus Anlaß der Verleihung des Johann-Peter-Hebel-Preises 1986, in: Allmende 13/1986.

Martin Zingg, Schwer widerlegbare Sätze. Peter Bichsels Geschichten über Literatur, Erstdruck.

Peter Bichsel, Zur Eröffnung der Huss'schen Universitätsbuchhandlung am 25. August 1983, Sonderdruck, Frankfurt (Huss) o. J.

Peter Bichsel, Er aber steht geduldig an der Pforte des 20. Jahrhunderts. Rede zur Jean-Paul-Woche in Bayreuth am 2. Juni 1991, Erstdruck.

Peter Bichsel, Der amerikanische Traum. Was ist das? Niemand weiß es, in: Schweizer Illustrierte Nr. 18/1987.

Peter Bichsel, Wie schlecht Schüler sind, in: Schweizer Illustrierte Nr. 49/1990.

Herbert Hoven, Den Gedanken nachgeben. Zu Peter Bichsels Kolumnen, Erstdruck.

Peter Bichsel, Eine Frau, Erstdruck.

Fotos

Peter Bichsel

im Luchterhand Literaturverlag

Peter Bichsel über Peter Bichsel:
»Ich bin ein Feuilletonist, und ich gehe auch die politischen Probleme schreibend und poetisch an.«
»Ein Schriftsteller ist immer ein Risiko für den Staat und die bestehende Gesellschaft. Aber mehr noch sind die Leser ein Risiko. Man wird nicht durch Lesen staatstreu, das wird man nur durch Nicht-Lesen.«

Der Busant
Von Trinkern, Polizisten und der schönen Magelone
SL 781

Geschichten zur falschen Zeit
SL 347

Im Gegenteil
Kolumnen 1986–1990
Originalausgabe
SL 920
»Auch hier, wo Bichsel über Aktuelles nachdenkt, bewährt er sich als fabelhafter Geschichtenerzähler.«
Frankfurter Rundschau

Irgendwo anderswo
Kolumnen 1980–1985
Originalausgabe
SL 669

Die Jahreszeiten
Roman
SL 200

Kindergeschichten
Luchterhand Bibliothek
96 Seiten. Gebunden
Auch als SL 144
Sieben Kindergeschichten.
Sieben Geschichten, nicht nur für Kinder, die zum Nach-Denken verführen.

Der Leser. Das Erzählen
Frankfurter Poetik-Vorlesungen
Originalausgabe
SL 438

Schulmeistereien
SL 697

Texte, Daten, Bilder

Einführungen in Leben und Werk
von Luchterhand-Autorinnen und
-Autoren

in der Sammlung Luchterhand

Peter Bichsel
Texte, Daten, Bilder
Hg. Herbert Hoven
SL 997

Michail Bulgakow
Texte, Daten, Bilder
Hg. Thomas Reschke
SL 972

**Die »Danziger Trilogie«
von Günter Grass**
Texte, Daten, Bilder
Hg. Volker Neuhaus und
Daniela Hermes
SL 979

Günter Grass im Ausland
Texte, Daten, Bilder zur Rezeption
Hg. Daniela Hermes und
Volker Neuhaus
SL 902

Max von der Grün
Texte, Daten, Bilder
Hg. Stephan Reinhardt
SL 931

Peter Härtling im Gespräch
Hg. Klaus Siblewski
SL 912

Christoph Hein
Texte, Daten, Bilder
Hg. Lothar Baier
SL 943

Ernst Jandl
Texte, Daten, Bilder
Hg. Klaus Siblewski
SL 907

Kurt Marti
Texte, Daten, Bilder
Hg. Christof Mauch
SL 897

Irmtraud Morgner
Texte, Daten, Bilder
Hg. Marlis Gerhardt
SL 825

**»Das siebte Kreuz«
von Anna Seghers**
Texte, Daten, Bilder
Hg. Sonja Hilzinger
SL 918

Peter Turrini
Texte, Daten, Bilder
Hg. Wolfgang Schuch/
Klaus Siblewski
SL 960

Kindheiten

im Luchterhand Literaturverlag

Peter Härtling
Nachgetragene Liebe
169 Seiten. Leinen
Auch lieferbar als SL 357

Alois Hotschnig
Aus
Erzählung. 80 Seiten
Engl. Broschur

Paweł Huelle
Weiser Dawidek
Roman
288 Seiten. Gebunden

Marie-Luise Könneker
Mädchenjahre
Ihre Geschichte in Bildern
und Texten
SL 307

Orlando Mardones
Mensch, du lebst noch!
Ein Chilene erzählt
SL 823

Fabrizia Ramondino
Althénopis
Kosmos einer Kindheit
Roman
SL 830

Anna Rheinsberg
Alles Trutschen
Geschichten über Mädchen
in einer Kleinstadt
SL 846

Peter Schneider
Vati
Erzählung
SL 847

Gabriele Wohmann
Paulinchen war allein zu Haus
Roman
Luchterhand Bibliothek
256 Seiten. Leinen
Auch als SL 219

Christa Wolf
Kindheitsmuster
Roman
Luchterhand Bibliothek
552 Seiten. Leinen
Auch als SL 277

Schweizer Autoren

im Luchterhand Literaturverlag

Eine Auswahl

Peter Bichsel
Kindergeschichten
Luchterhand Bibliothek
96 Seiten. Gebunden
Auch als SL 144

Schulmeistereien
SL 697

Im Gegenteil
Kolumnen 1986–1990
SL 920

Der Busant
Von Trinkern, Polizisten und der
schönen Magelone
SL 781
»Man hört ihn fast reden beim
Lesen: leise, bedächtig und ein
wenig näselnd. Es ist schön, ihm
zuzuhören.«
Die Weltwoche, Zürich

Rudolf Bussmann
Der Flötenspieler
Roman
240 Seiten. Gebunden

Adelheid Duvanel
Anna und ich
Erzählungen. SL 662
»Der Versuchung, sie zu den ganz
wichtigen Autorinnen unserer Zeit
zu zählen, sei schamlos nachgege-
ben: eine große Dichterin, deren
Kommunikationswille zum Ausdruck schöpferischen Wagemuts
gerät.«
Frankfurter Rundschau

Das verschwundene Haus
Erzählungen
100 Seiten. Gebunden

Franz Hohler
Das Kabarettbuch
Mit zahlreichen Szenenfotos
296 Seiten. Gebunden

Der neue Berg
Roman
440 Seiten. Gebunden
Der Schweizer Schriftsteller und
Kabarettist Franz Hohler hat
seinen ersten Roman geschrieben,
und einen ungewöhnlich spannen-
den und hellsichtigen dazu.

Die Rückeroberung
Erzählungen
SL 479

Vierzig vorbei
Gedichte
96 Seiten. Broschur

Rolf Niederhauser
Nada oder die Frage
eines Augenblicks
Roman
256 Seiten. Gebunden
Auch als SL 946

Requiem für eine Revolution
Tagebuch Nicaragua
SL 962. Originalausgabe

Schweiz
Geschichten aus der Geschichte
nach 1945
Hg. Rolf Niederhauser/Martin Zingg
SL 947. Originalausgabe

Sammlung Luchterhand
zu Fragen der Zeit

Geschichten aus der Geschichte

in der Sammlung Luchterhand

Diese Anthologien unterscheiden sich von anderen Erzählsammlungen durch das Prinzip, Geschichte in Geschichten widerzuspiegeln. Nicht Schreibweisen sollen repräsentiert werden, sondern literarische Texte in ihren zeitlichen Bezügen zu einem historischen Prozeß.

Geschichten aus der Geschichte der Bundesrepublik Deutschland
Hg. von Klaus Roehler
SL 300. Originalausgabe

Geschichten aus der Geschichte der DDR
Hg. von Manfred Behn
SL 301. Originalausgabe

Geschichten aus der Geschichte Frankreichs seit 1945
Hg. und eingeleitet von Claude Prévost
SL 836. Originalausgabe

Geschichten aus der Geschichte Nordirlands
Hg. von Rosaleen O'Neill und Peter Nonnenmacher
SL 704. Originalausgabe

Geschichten aus der Geschichte der Türkei
Hg. Güney Dal und Yüksel Pazarkaya
SL 804. Originalausgabe

Geschichten aus der Geschichte Polens
Hg. von Per Ketman und Ewa Malicka
SL 856. Originalausgabe

Geschichten aus der Geschichte Kubas
Hg. José Antonio Friedl Zapata
SL 878. Originalausgabe

Geschichten aus der Geschichte der Sowjetunion
Hg. von Thomas Rothschild
SL 901. Originalausgabe

Schweiz Geschichten aus der Geschichte nach 1945
Hg. von Rolf Niederhauser/ Martin Zingg
SL 947. Originalausgabe

Tschechoslowakei Geschichten aus der Geschichte
Hg. von Paul Kruntorad
SL 958. Originalausgabe

Luchterhand Essay

Herausgegeben von Freimut Duve

Texte zur Politik, zur Kunst, Kultur und Philosophie, die sich den Herausforderungen der Zeit und in die Tradition des Humanismus stellen.

»Die ersten Bände der Essay-Reihe greifen Themen auf, die im Mittelpunkt zeitgenössischer Diskurse stehen. Sie sind ein Teil dieser Diskussion und könnten ihre Ergebnisse mitprägen. Mit Spannung und Neugier wird man auf die Fortsetzungsbücher warten.« *Der Tagesspiegel*

Klaus Hartung
Neunzehnhundertneunundachtzig
Ortsbesichtigungen nach einer Epochenwende
220 Seiten. Broschur
»Ein Essay voller überraschender Interpretationen, der dem Intellektuellen Freude bereitet, der sich von der Verunsicherung eingefahrener Denkweisen einen Fortschritt im eigenen Entwicklungsprozeß verspricht.« *Süddeutsche Zeitung*

Helmut Schmidt
Einfügen in die Gemeinschaft der Völker
120 Seiten. Broschur
Kein Politiker unseres Landes hat das dramatische Jahr 1989/90 mit so eindrucksvollen Bitten um Behutsamkeit und Rücksicht auf die europäischen Nachbarn begleitet wie Helmut Schmidt. Wo der Geschichte Höchstgeschwindigkeit zugemutet wird – ein Plädoyer für Besonnenheit und Solidarität.

Johano Strasser
Leben ohne Utopie?
148 Seiten. Broschur
Gibt es, nachdem allenthalben der Tod des Sozialismus festgestellt wird, noch eine kulturelle, soziale und politische Utopie? Gibt es noch eine umfassende Vorstellung vom Zusammenleben der Menschen, der Völker, die aus der Vergangenheit hinüberragt ins nächste Jahrtausend? Ein Plädoyer für die Aufklärung, für die Vernunft – eine Streitschrift für das Recht auf Utopie.

Luchterhand Essay

Herausgegeben von Freimut Duve

Marion Gräfin Dönhoff
Polen und Deutsche
Die schwierige Versöhnung
Betrachtungen aus drei Jahrzehnten
220 Seiten. Broschur
Marion Gräfin Dönhoff hat die Entwicklung des neuen polnischen Staates, der nach 1945 aus der Hitlerverwüstung entstand, engagiert begleitet: von den Leiden der Polen unter dem Stalinismus bis zum Sieg der Solidarność. Immer wieder ist sie nach Polen gereist und hat in Reden und Artikeln ihre deutschen Leser erinnert: »Es ist Zeit, daß wir das europäische Haus bauen, zu dem auch die Polen streben.«

Ivan Illich
Im Weinberg des Textes
Als das Schriftbild der Moderne entstand
Ein Kommentar zu Hugos
»Didascalicon«
Aus dem Englischen von
Ylva Eriksson-Kuchenbuch
220 Seiten. Broschur
Dem Leser des ausgehenden zwanzigsten Jahrhunderts, dessen Zeitgenossen sich mehrheitlich längst mehr der elektronisch steuerbaren Bildsprache widmen als dem schriftlichen Text der Buchseiten, wird hier eine Wanderung in die geistige Landschaft des großen Kulturbruchs des zwölften Jahrhunderts geboten. Ein neuer Blick auf die Geburtszeit einer Epoche, die an ihr Ende geraten ist.

Armin Mueller-Stahl
Drehtage
»Music Box« und »Avalon«
180 Seiten. Broschur
Ein großer deutscher Schauspieler, in den USA zum Weltstar geworden, gibt Auskunft über den amerikanischen Film, über die Begegnung mit einer fast unwirklichen Welt, hinter den Masken, hinter der Kamera. Auskünfte über die Begegnung mit den Gestalten, zu denen er werden muß, Auskunft über die Begegnung mit sich selbst.